History of Chinese Culture

中国文化简史

宋元文化简史

理学与意趣

王立——主编

北京出版集团公司
北京出版社

图书在版编目（CIP）数据

理学与意趣：宋元文化简史／王立主编．—北京：北京出版社，2017.2
（中国文化简史）
ISBN 978-7-200-12677-8

Ⅰ．①理… Ⅱ．①王… Ⅲ．①文化史—中国—宋代②文化史—中国—元代 Ⅳ．①K244.03②K247.03

中国版本图书馆 CIP 数据核字(2016)第 313170 号

丛书主编：王 立
主 编：纪云华 杨纪国
编 著：纪云华 杨纪国 王舜舟 王 超 王元崇
徐 东 别志雷 冀永文 秦 超

中国文化简史
理学与意趣
宋元文化简史
LIXUE YU YIQU
王 立 主编
*
北京出版集团公司
北 京 出 版 社 出版
（北京北三环中路 6 号）
邮政编码：100120
网 址：www.bph.com.cn
北京出版集团公司总发行
新 华 书 店 经 销
北京华联印刷有限公司印刷
*
787 毫米×1092 毫米 32 开本 7.25 印张 134 千字
2017 年 2 月第 1 版 2017 年 2 月第 1 次印刷
ISBN 978-7-200-12677-8
定价：38.00 元
如有印装质量问题，由本社负责调换
质量监督电话：010-58572393

目　录

宋

元

附录

宋

转向内在

唐朝以其雄阔的胸怀，融会中西，贯通古今，造就了中国几千年历史上的文化高峰，开创了一个空前绝后的文明时代。但是自唐玄宗天宝十四年（755）爆发了“安史之乱”以来，唐朝国势便日见倾颓。公元907年唐朝节度史朱全忠起而反唐，灭唐建梁，是为后梁政权；此后，各地藩镇竞起效尤，相互攻伐，以期消灭他国，建立统一的中央政权；中原地区像走马灯一样地先后经历了后梁、后唐、后晋、后汉、后周五个朝代。与此同时，在南方也出现了吴越、南唐、前蜀和后蜀等等所谓“十国”，这些短命的朝代之间更是互相攻伐，结果烽烟不断，生灵涂炭，社会经济、文化都遭到了巨大破坏。直到公元960年，后周大将、殿前都点检赵匡胤在陈桥驿发动兵变，黄袍加身，取代后周而建立宋朝，藩镇割据、兵燹连年的混乱局面才算是得到了一个根本的解决。

唐宋鼎革，社会再次复苏，经济、政治、文化等方面也承唐朝余绪继续发展。然而，宋朝又毕竟不同于唐朝，唐朝兴起于关中地区，尚带有几分的“胡气”，而宋朝则起自中州地区，所推崇的是传统的儒家理念，无论是治国安邦还是修身齐家，均不失儒家的情怀。所以宋朝在文化上开启了一个和唐朝迥然不同的路数。一个最为根本的文化走向就是一改唐朝的恢宏之象，由外露而内转，收敛锋芒、静心修为。因此，宋朝的文化，虽承盛唐遗风，却终归与其殊途而行，但是即便如此，宋朝仍旧以其内转的文化倾向造就了一个新的文化史上的至高峰。陈寅恪在谈到宋代文化时说："华夏民族之文化，历数千载之演进，造极于宋之世。"这种说法已经是当前学术界的共识了。

宋朝犹如一个文化史上的水坝，泽被后世。

"问渠哪得清如许，为有源头活水来"，宋朝文化之所以能攀上中国文化史之顶峰，是与其所处的时代环境与历史境遇密不可分的。

一、中世的转向

积贫积弱的国势

宋太祖赵匡胤自公元960年夺后周江山而建立宋朝以来，南方尚有几个割据政权存在，周围也面临着北汉、辽国等政权的威胁。因此，建国三年以后，宋朝就开始了统一全国的战争，直到宋太宗赵光义时期的太平兴国四年

赵匡胤画像

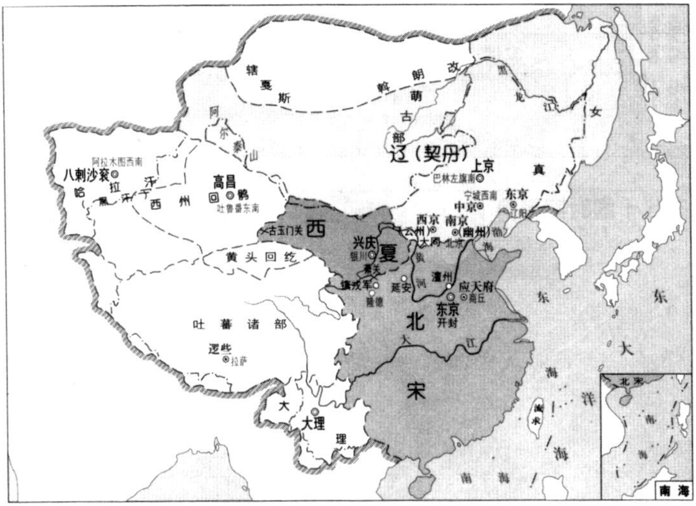

辽北宋西夏时期形势图

（979）统一了北汉，五代十国才算完结。宋太祖等人总结唐朝灭亡的教训，认为唐朝分封藩镇，广封疆吏，导致君弱臣强，祸起萧墙。

宋太祖接受宰相赵普的建议，采取了一系列措施：首先，以“杯酒释兵权”的途径消融了对中央可能造成威胁的武将阶层，将他们的兵权收入自己手中；实行重文轻武政策，提倡文人典军，严禁武人干政；取消禁军最高统帅殿前都点检、副都点检职务，朝廷设枢密院掌管、调动全国军队。但枢密院却无统兵权。三帅虽有统兵权，却无调兵权，所以宋朝的三帅统兵权和枢密院调兵权职责分明，相互制约，直接对皇帝负责。另外，宋朝还实行军队更戍法，经常调换各地军队和各级军官，

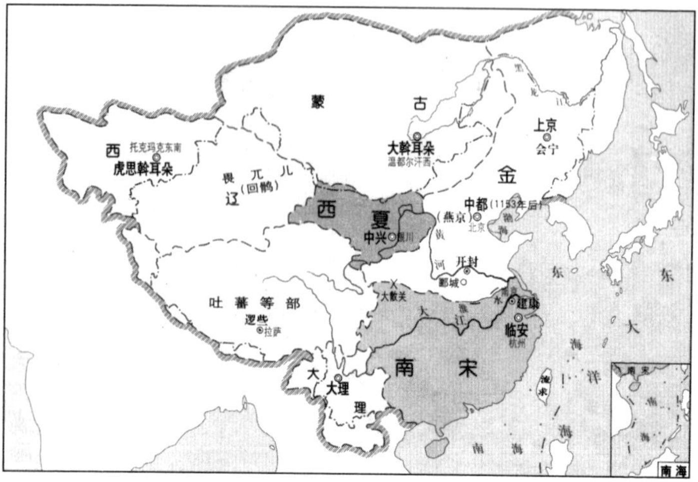

金南宋西夏时期形势图

造成“兵无常将，将无常师”的局面，以防武将拥兵自重。与此同时，还削弱地方军力，从各地选拔强壮有军事技艺的优秀人才组成中央禁军，直接拱卫宋室，造成强干弱枝的局面。在行政方面，宋沿袭唐制，大力削弱宰相的权力，在宰相下设数名参知政事、枢密使、三司使，以分其军、政、财三权，使宰相无法独揽大权，同时又互相制衡，以防任何一方独断朝纲。而对于各地州郡，中央朝廷则通过“削夺其权，制其钱谷，收其精兵”的策略，将原先一直属于地方的军权、民权和财权统统收归中央，将原先的节度使逐步调回开封都城放闲，其原辖州郡由朝廷直接插手管理，委派文官赴该地任知州、知府等等，直接对中央朝廷负责。正如《宋史纪事本末》所言：“朝廷以一纸下郡县，如身使臂，如臂使指，无有留难，而天下之势一矣”，这就彻底铲除了地方坐大以为患中央的藩镇势力，牢牢控驭住了地方势力。

赵宋王室通过这一番努力，建立了空前的中央集权制度，皇帝的权力远逾历朝历代，统治力量空前加强。两宋以后，中国再未出现过大的长期的分裂割据局面，与宋朝的这些措施是很有关系的。宋朝在政治体制运作上，充分做到了传统的中央集权制，对以后的元明清时期政治体制的建设和运作都有着不可估量的深远影响。

宋朝所采取的如上举措，在加强了自身统治力量的同时，也造成了许多问题。两宋最为突出的、直到南宋灭亡也不曾解决的一个问题就是宋朝的“三冗”问题，即冗

宋代科举考试图

官、冗兵、冗费问题。

宋朝为了防止武人干政，完善了唐以来的科举制度。自魏晋以来严格的门阀士族制度在北宋时期就已经分崩离析，大量的读书人开始涌向政途，宋朝廷鼓励士人读书做官，而且宋太祖立下祖制，不准轻杀文臣。承接他的宋太宗则扩大开科取士的范围，突破前朝藩篱。宋太宗本人在即位之初就将取士的名额加以扩大，从每年的三十人，迅速增加到一百零九人，而且曾经连放五榜，纳贤八百人。所谓上有所求，下必好之，宋朝的读书风气迅速兴起，科举应考之人急剧增加，宋朝迎来了中国科举考试史上的第一个“黄金时代”，很快造就了一个异常庞大的知识阶层，同时培养出了一个良好的、超过前代的、浓厚的读书风气。所以宋朝用了不长的时间就建成了超过前代的、庞大的文官体系，正如宋祁所说的那样“州县之地不广于前而官五倍于旧”，结果叠床架屋，机构臃肿，仕途壅塞，徒靡国帑，导致了行政效率的低下和大量的腐败，社会矛盾不断激化。

与此同时，冗兵的现象也极为突出。遍布全国的主要用于屯田生产、稳定社会的地方厢军尤其累赘，后来厢军多为老弱病残之所集。宋朝兴起的“好铁不打钉，好男不当兵”的俗语已经可以窥见当时军队的情形，其战斗力大大下降，在与北方的政权交战中居于劣势。

两宋供养着大批的文官和兵士，费用颇称窘迫，加之后来向北方的辽国、西夏以及后来的金国等的求和，每年都需要向这些国家缴纳大批的财物，更是国力黜乏。天长日久，宋朝整个机制的运转都降低了下来，积贫积弱的局面渐次形成。公元1127年，靖康之难，北宋灭亡，宋室南渡，偏安江南一隅，直到公元1279年为元所灭，却从未能改变一直以来的弊病。

宋朝的积贫积弱的国势，导致了宋朝政治上的迁延、经济上的紧张和军事上的懦弱，两宋又皆重文治而不重武功，所以，在与北方强悍的几个国家的交际中始终处于一种文弱的状态。然而宋朝积贫积弱现象的出现，却恰恰是崇文抑武政策的外在表征。正是两宋时代重视文治、不主攻伐、内敛修为，才陶冶出一代极其优秀的文人墨客，散发出了玉树临风一般旷古高迈的情怀，开创了有宋一代独特的文明，塑造了一个新的文化高峰，“高山仰止，景行行止”，后代颇难望其项背。

佛教的中国化

东汉末年的时候，佛教由印度传入中国。汉朝之后的三国时期，印度等地的僧人陆续来到中国的中原地区弘扬佛法，推动了佛教在中国的进一步传播。魏晋南北朝的时候，由于南北朝各代帝王大都崇信佛教，所以佛教在此期间虽然也经历过北魏太武帝和北周武帝的灭佛事件，但是仍然得到了很大的发展，绵联而入唐宋。

但是，佛教到了七八世纪时，开始出现了一个转变的趋向，即中国信徒在对于佛教义理的阐释上，逐渐改变了原先那种阅读佛教经典的囫囵吞枣式的做法，开始讲求细致入微的研读，试图通过对一个典故、一个词语的解读来寻求佛教义理的精义，达到佛家的最为深奥之处。也就是说，这个时候所出现的这种趋向，带有了一种回归原点以达至境的性质。

佛教初入中华时，信徒对翻译过来的佛教经典都如饥似渴地阅读，当时多是从整体的方面去寻求对佛教义理的阐释。到了魏晋南北朝时期，正是老庄玄谈大盛之机，倾向佛家的士人多能从道家的思想上将佛教的大乘一支相融通，所以佛教徒也熏染了玄学风气，重于义理之辨，偏重于纯粹的佛学学理的探讨。然而随着时代的变迁和社会的发展，佛教的滥觞也给大一统的政权的理论框架及其统治秩序带来了混乱的危机，引起了统治阶层的警惕，于是佛教的宣盛逐渐得到抑制。具有转折意义的是唐宪宗元和五年（810），唐朝廷以官方的名义停止了先前的大规模翻译佛经的活动。《宋高僧传》中对此举评论说："朝廷罢译事，自唐宪宗元和五年至于周朝（后周），相望可一百五十许岁，此道寂然。"可见，佛教经此打击，滥觞之局倏忽而流逝百年之久。

佛教经典的翻译工作得到了遏止，人们对经典的解读也就随之兴趣黯然。最重要的一个变化是在此之前，佛教由于与中国本土的儒家、道家文化相碰撞和融合而产生了禅宗一系。禅宗是隋唐时期甚至是整个中国历史上影响最大的一个佛教宗派。

早于禅宗以前，中国已经有所谓“禅学”兴起并流传。“禅”，即“禅那”，佛教一般称其为禅定，是安静地沉思的意思。佛家认为，禅定是一种很重要的修养工夫，人们可以通过禅定来压制、祛除种种烦恼，洗净世俗铅华，而且能够启发智慧，使修禅之人达到一个理想的精神境界。所以，禅宗不同于昔日的弘法途径，它讲求静心息念，用心去悟，不再从整体上去细细地讲求纯粹的佛学义理之辨，而是开始探讨相对短小的语句和警句，一洗先前的烦琐。同时在修炼方法上转向了实际层面，从现实实践的角度去寻求对佛家义理的解悟。开始了由原先的形而上的路径下旋为形而下的方法。这是禅宗的一大特点，也是它之所以能开创出一个新的佛教传播高峰的机缘的一个原因，一时蔚为大观。时代的变迁，已经使人们逐渐对先前纷繁芜杂的理论探讨兴趣索然，对禅宗所开创的这种相对简单的方法心有所动。

尤其是南禅宗师惠能所极力提倡的“顿悟”法门，主张“即心是佛”“见性成佛”，更加使得禅宗的修行阶层下移，为禅宗能很好地打动普通平民阶层的人们奠定了基础。加上禅宗自五祖以来的北禅神秀、普寂和南禅惠能、神会等人不懈地、大张旗鼓地宣传以及有关政权的扶植，所以，禅宗于8世纪中叶左右开始兴盛起来。禅法渐渐成为信仰者们的关注中心，禅师的地位开始超越传统的法师和律师，禅宗成为佛家在中土发展繁荣的新里程碑。

唐亡宋兴，佛教的发展趋向已经是非常平民化了。唐朝自韩愈以来，倡导“古文运动”，复归传统的儒家道统，排抑佛教等教派，逐渐在士人精英阶层造成了一种颇具影响力的舆论风气，这也对佛教构成了打击。佛教到了宋代，其势力已经倾颓了，传统的佛家，可以说是消融了。等到二程、朱熹起来，理学糅合儒、释、道三家学说而产生的时候，在某种意义上即宣告佛家的最终消融。当然，消融并不是消失，佛教在后世仍然保持着比较大的声势，只是相比以前，它已经彻底消融进了中国文化中去了。自宋朝以后，世俗的封建专制王权再也没有花多大力气去压抑佛教的势力。

思想的一尊——理学

中国传统的儒学自佛教传入中国并大行天下以来，受到了佛教和道教的冲击，所以到了唐朝中后期，许多儒家学者开始致力于重建儒学的统治地位。他们开始趋向于着重发挥儒家的义理，而抛弃了自汉朝以来的那种烦琐的训诂笺注，这样就出现了一个和以前不同的新的儒家学派。

这个群体到宋代继续发展，至宋代中叶便基本形成。这部分新崛起的儒家士人，一方面注重儒家典籍中对义理的阐释和发挥，一方面注重身体力行、经世致用，影响愈来愈大，并且在宋代衍生出了所谓之“理学”，也称为“道学”，着重发挥义理之辨，不屑训诂笺注之举。

理学以北宋时期的“宋初三先生”孙复、胡瑗和石介开其端，由周敦颐、邵雍、张载、程颢和程颐“理学五子”承其力，到南宋朱熹集其大成。朱熹被尊奉为“朱子”，其构建的复杂的哲学思想体系“朱子理学”逐渐上升为思想的独尊，影响后世莫大之极。

胡瑗（993~1059），字翼之，泰州海陵人，学者称其为“安定先生”，宋代理学的先驱人物。胡瑗强调“明体达用”之学，讲求明经为体，治世为用，提倡以儒家之经义伦理治天下。后与同窗孙复、石介俱成为一代宗师，并称“宋初三先生”。胡瑗在教授学生的过程中，讲求“沈潜、笃实、醇厚、和易”的学风，把他的儒家义理观念灌输到实际的传播学术活动中去，以“明体达用”之学教人，反对佛老思想，强调以儒家的伦理观念来修身养性。石介（1005~1045），字守道，山东兖州奉符人。因为他曾经讲学于徂徕山下，故世称其为“徂徕先生”。他也提倡儒家思想，反对佛老思想，时刻以家国为忧，欧阳修称赞他“貌厚而气完，学笃而志大，虽在畎亩，不忘天下之忧”。孙复（992~1057），字明复，山西晋州平阳人，石介创立泰山书院时，邀请孙复来主持书院，而胡瑗亦参与进来。“宋初三先生”遂造就“泰山学派”。泰山学派首先推动了疑经学风的形成。主张抛开传统训解，开始自我寻解，逐渐使汉唐的注疏之学转向宋朝的义理之学，这对于日后理学的形成至关重要，可见其功绩所在。

宋初三先生对于理学的形成而言，主要功绩在于不崇拜古典，而去强调个人主观能动性的发挥，自己对“经”等的义理进行寻解，开义理之学的先河，为后来“二程”进一步发展理学做了重要的张本。正如《宋元学案·泰山学案》所说：“宋兴八十年，安定胡先生、泰山孙先生、徂徕石先生始以师道明正学，继而濂、洛兴矣。故本朝理学虽至伊洛而精，实自三先生始，晦庵有‘伊川不敢忘三先生’之语。”

宋初三先生之后，就是著名的“理学五子”。五子各有千秋，承袭了宋初三先生的优点，共同造就了一个新的学理走向——新儒学的诞生，理学也就以此为标志而逐渐大行其道了。五子的理论框架都很庞大，难于一一细说。

邵雍（1011～1077）建立的是“象数”体系，他企图用一个完整的图式来说明宇宙演化和社会、人生的全部运动程式。这个象数体系虽然是由主观推演而成，却不乏合理的成分。邵雍是第一个把象数学理论方法同理学思想相结合的理学大家，乃至南宋张载的象数派，也从中吸取了很多的东西。邵雍在整个理学史上的地位是很高的，影响也很大。直到现在，他的象数图式仍旧吸引着很多人的目光。

周敦颐（1017 ~ 1073），字茂叔，因为曾在家乡建立“濂溪书堂”，故而被人称为“濂溪先生”，他创立的学派也被称为“濂学”。周敦颐曾经作《太极图说》一文，阐发自己的思想。《太极图说》有图有文，并且以文解图，提纲挈领地对宇宙的发生、发展过程进行了抽象的概括，概述了他从宇宙自然到人道性命的基本思想，从而沟通了天地、宇宙、万物、人心，完成了宇宙观念与人道性命的连接，对后世理学家们的天地人心理论影响至大。

张载（1020 ~ 1077），字子厚，河南开封人，后因其家侨居关中地区，所以将他所开创的学派称为“关学”，又因其定居陕西郡县横渠镇，故世称其为“横渠先生”。张载对于理学的重大贡献，是其“气本论”的提出。他认为天地万物都是由“气”构成，“气”的消散状态称为“太虚”，而“太虚无形，气之本体”，无论如何，“气”是始终如一的。张载的“气本论”，是中国哲学史上第一个系统地以“气”和“阴阳”来力图说明世界何以运动、以何运动的哲学理论体系，对后来朱熹理学中“气论”的形成，可谓影响至深。张载还提出了士子文人的千古职责，即宗旨是“为天地立心，为生民立命，为往圣继绝学，为万世开太平”，充分表露了儒家文人为“道统”而斗争到死的壮志，此话一出，沿袭历代而不灭，给了后世以无尽的精神养料。

于后世理学的最终形成和大发展出力尤大者，乃是程颢和程颐这“二程”兄弟。程颢（1032～1085），字伯淳，后人称其为“明道先生”。程颐（1033～1107）字正叔，后人称其为“伊川先生”。二程是河南洛阳人，且自公元1072年以后，二人长期在洛阳讲学授徒，所以他们二人所开启的学派被称为“洛学”。他们所创立的“洛学”一脉，最终使自宋初三先生以及先前各家的理学具有了一个比较完整的形态，因而在学术史上，人们往往将二程作为宋明理学的实际创立者。不论怎样，自二程出，理学才算是蔚然成派，其于理学的崛起，贡献尤大。“洛学”一派的著作有二程《遗书》二十五卷，《外书》十二卷，《文集》十二卷等等，都是传之后世的佳作。

二程学说的核心是“天理”论。程颢曾经说：“吾学虽有所受，天理二字却是自家体贴出来。”“天理”，即是二程哲学体系中的最高范畴，而“天理”之于二程，一般又被称为“理”。以往的诸位学者，也都谈到过“理”的问题，但是，没有人把“理”上升到至高的层次，到了二程，才把“理”上升为“洛学”思想体系中的最高范畴。从此，此“理”开始斗换星空，开一代理学哲学体系的新天地。

二程的“天理论”是有系统、有层次的。概括而言主要包括以下几个方面：第一，“理”乃是世界万物的总根源。二程首先赋予“理”以精神的属性，然后认为“理”乃是宇宙万物的根本和总根源。二程认为：“理者，实也，本也。”又说：“理则天下只有一个，故推之而四海皆准。”万物都是从理中派生出来的，所以“理”是宇宙万物的总根源。第二，在“理”与“气”的关系上，二程坚决反对张载的“气本论”的思想，认为先有理，次有气，理是气之本，气是理之用，理气之间，以理为本。第三，“理”是自然和社会的最高法则。所谓“天下之物，皆可以理照。有物必有则，一物统有一理。”“万物皆有理，顺之则易，逆之则难，多循其理，何劳于己力。”可见他们对“理”的法则地位的推崇。第四，“理”与“礼”相联系起来，将“理”作为一种道德伦理的规范。二程之前，周敦颐就曾经说过：“礼，理也。”这种观念，在二程处进一步得到了发展，他们把以儒家为本源的传统的道德伦理观念和人伦制度等等统称为“理”，进而赋“礼”于其中，将二者联系起来，构成了一个“天理”。二程十分明白地说道：“理即是礼也。”所谓“天地之间，无所适而非道也，即父子而父子所在亲，即君臣而君臣所在敬，以至为夫妇、为长幼、为朋友，无所为而非道。”二程认为只要遵循这种上下之分，社会自然就会和谐，就会达到最美好的境界了。二程在“理——礼”关系上的观点，对后世影响尤大。此外，二程在认识论方面，也很讲求“格物致知”之学。大倡格物之学，这种思想在以后朱熹的思想体系中，得到了更好的发挥。

“理学五子”的竞相争艳，使得理学一时蔚为大观，中国儒学开始了历史上的再次复兴，其于佛老思想之冲击诡动之中，尽显传统士子文人的志向所在。后世及于南宋，尤其到朱熹“闽学”一派，理学算是集大成了。因为他的体系受“二程”的影响比较大，所以后来把他的思想体系也泛称为“程朱理学”。

理学自诞生之初就十分注重义理的发挥与阐释之功，朱熹尤重“性”“理”“气”之辩，并且在这方面走向了极致。朱熹的理学，其主要方面就在于理气、心性、认识、功夫等几个论点。

在理气论上，朱熹发挥了二程的理气观念，认为万事万物都是由“理”和“气”这两方面构成的，二者不可分离，但是一旦究其本原，则又是有先有后的，即“理在先，气在后”。朱熹在他的思想中是推崇“理”的，认为“理终为主”，而且还将理进一步发挥至“太极”的层次，此一“太极”即成为其思想中认为的天地万物所由以生出的本原。和二程的逻辑走向一样，这也成为朱熹构建其哲学体系的一个重要的本原思想。由于朱熹对“理”推崇备至，所以其哲学理论也被人们称为“理本论”。

在心性论上，朱熹认为“心统性情”。“心”的意义被极其突出地强调了出来，“性情”都是浮动的，最终都要靠“心”来收归。而朱熹更进一步认为“性”是心之体，“情”是心之用，心则包含体用而统摄之，由此一来，其“心性”观念便更加强调“心”的功能了。

在认识论方面，朱熹承袭二程之学，大讲“格物致知”之学，强调从事物中悟出道理、看出事理来，结果“格致”一学开始大兴其道。他还主张“知先行后”的观点，在传统的“知行”之辨上表达了自己的观点，后世的理学家们也不断从朱熹的知行关系上去阐发理学义理。

在功夫修养上，朱熹提出了影响后世颇为深远的“存天理，灭人欲”，要以“理”为根本，不可让“人欲”占据身心，强调客观的存在，抑制本能的浮动虚无。朱熹的这一思想，后来被发挥到了社会道德教化层次上来，形成了极为苛刻的封建礼法，但于朱熹当时之目的，已经相去甚远了。朱熹的目的，仅仅在于强调克己以达理，浑然一体，仅仅是修养上的一个功夫而已。

当时的理学家除了朱熹之外，还有其他重要人物，主要是陆九渊一派。陆九渊讲求的是象数之理，和朱熹的学说相背离。陆学认为朱熹之学不是儒家传统的正道，是别子门派，而陆学才是正统之学，因此二人的体系发生了极为严重的冲突。朱、陆之争是理学史上的公案，其中最为有名的则是江西的“鹅湖之会”。“鹅湖之会”是由当时另一位儒家学者、号称“东南三贤”之一的吕祖谦于南宋淳熙二年（1175）出面组织的一次辩论。旨在调和朱陆矛盾，希望能通过一场讲学式的辩论来结束理学之间门派的私见。朱熹与陆九渊、陆九龄兄弟均赶赴江西鹅湖寺会晤，“相与讲其所闻”。双方在鹅湖上进行了三次大辩论，就理学中的许多问题以及两派对立的观点进行了激烈的论争，都想通过宣讲击破对方的学说，使己方学说大行天下。“鹅湖之会”的结果是非但没有达到吕祖谦调和的目的，反而使朱、陆两派的学说分歧愈来愈大，最终形成了私见颇大的门户。这段理学史上的公案，恰恰说明了理学派系在观点上的分野之大，也说明了理学还需要一个大的集成，方可冲决块垒、流白于世。

朱熹在和南宋当时许多的儒家学者和理学家的这些类似的辩论和辩难中，吸收了各家的精华思想，把自己的理论一再修缮，最终使程朱理学一派能够崛起于诸家之中，巍然鹤立。而程朱理学，也逐渐代替了其他支派的理学而成为理学的代名词了。需要说明的一点是，朱熹在世的时候，他的学说并未得到政府的认可，他本人甚至还受到其学说的牵连而几至下狱获罪。他和其他理学家的辩论也一直都在持续着，一直到了南宋末年，朱熹理学才被尊为儒学之正统。而随着后世意识到了理学能够给统治秩序所带来的教化功能，理学更是受到了政府前所未有的推崇和认可，理学渐渐强化成为哲学体系和道德理论的独尊。而朱熹本人也被前所未有地加以广泛推崇，以至达于“朱子”称号，得以配飨孔庙。

理学，历经“宋初三先生”的开风气的努力，次经

“北宋五子”的推演，再经南宋朱熹集其大成，最终由多家合为朱子学说一家，成为思想上的独尊。

北方的跌落

自秦汉以来，我国北方地区尤其是黄河流域，是中华文明的重心区域，南方多蛮夷之地，尚有刀耕火种之区，北方就成为了政治中心和经济中心的聚合地域，文化也是在此滋生成长的。然而，从魏晋南北朝以来，北方人民南迁之事日益增多，北方比较先进的耕作工具也流传到南方地区，使当地经济得到了快速的开发，许多士家大族为避战祸也都纷纷南迁，带去了浓厚的士风，所以南方逐渐开始发展起来，日渐崛起。到了两宋之时，经济中心与政治中心已经开始分离，其主要的原因，是自唐朝末年以来，北方的战乱不断，历经“五代”的攻伐，社会受到很大的打击，而南方却因为长江天堑的原因，战乱较少。即使“十国”存在，亦未能造成像五代那样严重的丧乱，而到了后来辽国、金国、西夏的兴起，北方更是冲突不断，经济文化都遭受严重损失。不过北宋时期，都城尚在开封，北方也聚集了很多繁荣的大都市，所以一时尚能支撑。然而金灭北宋后，宋朝南迁，定都临安，则北方之衰落，更是不可言语。南方开始渐趋富庶，文化上更是北方所不及，北方的优势，便是政治中心的聚合之地。

苏州云岩寺塔

公元1127年“靖康之变”后，宋室渡江，于临安另立朝廷，是为南宋。这个时候，宋朝算是完全地立足于江南地区，政治、经济、文化等方面，无一不在南方另外形成了一个不同于北宋时期的新的集团。南方与北宋时期相比，得到了宋王室的直接扶植，更是如鱼得水，于文化上面颇多建树。南宋时期后起的学者士人基本上都是南方人，比如朱熹、陆九渊、陆九龄、陈亮、叶适等理学家，陆游、叶梦得、文天祥、洪迈等文学家，都是崛起于南方地区的。而伴随着理学的兴起和私人授徒方式的流传，各地的书院也竞相发展起来，比如白鹿洞书院、岳麓书院、象山书院等，以书院和主讲人为中心，形成了一个独特的知识群体。这批知识分子空前的活跃，竞相游走，交流传播学术思想，最终共同造就了学术上的繁荣。

宋代南方书院的兴盛，是南方文化最终崛起的一大标志。宋代书院发展的初期是北宋太祖朝到仁宗朝时期（960～1063），这段时期可谓是宋代书院教育的萌芽时期，而在实际上更像是五代时期的书院发展的延续，这时全国的书院数量很少，大致先后出现过十所左右，而且这些书院的情形也很不稳定，兴废靡常。这个时候文化上的重镇，是北方的洛阳地区，发展的主体也尚不在书院之内，南方这个时候的文化比较寂静。

到了南宋时期，书院起初也并不受国家支持，仅以私学的面目出现。朱熹等人主讲白鹿洞书院之时，也都是小心翼翼的，生怕不受朝廷认可的理学开罪了朝廷。不过书院却还是在默默中开始崛起，成为士人论道讲学的据点，将整个南宋的文化，开始烘托起来。南宋书院文化的真正兴盛，是到了宋理宗朝时期（1224～1264），那时理学被定为唯一的正统学说，受到了宋室的极力推崇，而书院也开始广为发展，并且开始有官学意味了。这时的书院及其知识群体，大大推动了南宋文化的进一步发展。南宋居江南一隅，它的文化的兴盛，和同时代的金、元先后占领的北方地区相比较，使后者不免大有茕茕孑立、形影相吊之感。南方在经济和文化上，都堪称繁荣，出现了江浙、两湖和岭南三个比较明显的学术区域。国家的重心，除了以武力为背景的政治重心的居所之外，其余的其实已经都转移到南方地区来了。北方地区，自秦汉以来的富庶，至南宋时期，算是一个大的根本的改变，此后的元、明、清三代王朝的历史，都可以见到北方的贫弱和南方的富足。宋朝，是北方跌落南方崛起的时期，所谓有宋一代“地运南迁”，即指此而言。

但是北方的跌落，毕竟也代表着政治重心的丧失，这一点在相当大的程度上影响了两宋尤其是南宋时期的知识分子，在他们的内心深处，造就了一种危机意识，培养出了一种忧患意识，对当时的知识分子的精神世界的影响是比较深远的。

近世平民社会的崛起

尽管宋朝在综合国势上始终面临着一种所谓的“积贫积弱”的局面，但是宋朝的经济仍然是有着长足发展的，最为突出的就是南方经济的崛起。在两宋时期特别是宋室南渡之后，南方更是得到了空前的发展，江浙一带富庶甲于天下。自南宋开始，中国的经济重心就南移至此了。宋朝的农业、商业、手工业、丝织业等行业都得到了巨大的发展，火药运用于军事上、活字印刷术的发明、指南针广泛运用于航海、天文历法的长足进步等等，无不展示着这个朝代丰富的活力和四射的文明魅力。伴随着政治、经济和文化等领域的发展和进步，宋朝的社会阶层流动超过历朝历代，并且出现了一个十分明显的变化，就是近世平民社会的崛起。

所谓的“平民”，一般来讲主要包括农民、商人、手工业者、工匠和贱民，他们在社会阶层的秩序上是属于下层的，通常没有多大的政治权利和多少话语权，但是他们的社会流动性一般说来却又是很强的。宋以前亦有平民阶层和平民社会，但是宋朝崛起的平民社会，更多的带有近世的特点，成为后世元明清等时代平民社会的主要构架。

近世平民社会之所以能够快速地崛起于两宋时期的主要原因，首先就是自魏晋以来的严格的门阀士族制度的破毁和消亡，给予了下层社会阶层的人们以更大的自由流动的地域和空间，平民百姓也可以读书入仕为官，社会群体的流动性增加；其次，宋朝经济尤其是商业和手工业等商品经济的高度繁荣，使从事这部分行业的社会群体逐渐形成了拱卫自己的经济基础，还组成有形形色色的本行业行会组织等等，这就更加能够使这部分社会群体有了一定的政治地位和发言权；再次，随着经济的繁荣，宋朝的城市规模也获得了空前的迅猛发展，在这样的情形之下，新兴的市民阶层地位日益上升，成为有宋一代非常突出的文化现象。

两宋之时，伴随着商品经济的大发展，北宋以开封为中心，南宋以临安为中心，城镇相比于前代有了巨大的改变和发展。

宋以前的城市，大规模的不算很多，而且城市的布局也比较程式化，管理也都十分严格。到了宋代，随着生产的日益富足，商业经济的发展开始使人口大量地涌入城市中去，城市开始空前地膨胀。宋代人口规模有数万户乃至十万户的陪都、大商业都会就超过了十个。其中以北宋都城开封的总人口为最，其在高峰时期，总人口数目已经超过了一百万。后来的南宋都城临安也成为了“南方的开封城”，人口密集、接踵摩肩。这样巨大的人口规模，不仅在中国的人口历史上是空前的记录，即使就当时世界范围来讲，也是绝无仅有的。

与此同时，宋朝还开始有意识地营造繁荣的城市氛围，以期激励经济发展。在宋代之前，后周的周世宗由于开封的仓储不足，曾经下令允许在汴河上设立邸店；宋太祖即位后，又于公元965年下令允许开夜市。一前一后的两道命令，使传统的城市坊市制度崩开了一个缺口。虽然宋代开始时仍然实行坊市制度，但是随着商品经济的巨大发展，终于走向崩溃。宋景祐年间，朝廷正式下令允许商人只要缴税，就可以到处开设店铺。宋代商业街成批涌现，如在开封汴河两岸、皇城东华门外，曾经一度从宣德门向南一直到朱雀门的御街两旁都准许行人进行买卖活动。而南宋的都城临安，更是有三个大商业区位于御街之上，城外郊区出现了大约十五个商业繁荣、居民集中的镇市，加强了彼此之间的流动。

如此一来，宋朝城市欣欣向荣，而市民也日益获得了先前所争取不到的地位和机遇，逐渐在发展中形成了一个整体阶层，成为平民阶层崛起的一个标志。

在平民阶层的崛起过程中，比较突出的一个现象就是商人社会地位的提升和崛起。中国作为一个农业立本的大国，从先秦时代就沿袭下来一个“重农抑商”的传统，在社会阶层上，人们也是按照“士、农、工、商”这“四民”的标准划分的，商人处于社会的最底层，即使在平民阶层中也一向为人所轻视，商人犯法例为严处。然而到了宋朝，商人开始慢慢被视为是与社会其他阶层的人们平等的“齐民”。在宋代的法律中，对商人犯罪加重惩罚的规定和律例相比前代来说，少之又少。此外，商人为了维护自身的权益还开始起来与政府进行斗争，例如宋开宝年间东京有商人被冤枉杀害，曾经引起过商人的罢市斗争，最后迫使官府做出了一定的妥协。这种现象的出现，表明在思想意识方面，商人阶层已经有了独立的阶层意识的觉醒，同时，实际力量运作方面，也表明他们在这个社会体制中已经拥有了一定范围的决定力量，而宋朝官府最终被迫做出了妥协，又可说明他们的这种独立的阶层意识和社会影响力在当时是已经得到了具有普遍意义的承认。两宋时期的社会，崇商弃农、士商渗透和官商融合渐成风气，商人身份开始变得比较复杂，有亦官亦商者，也有亦商亦地主者，商人被以礼相待，不再委身于人。这是近世平民社会崛起的又一极其有力的表征。

平民社会的崛起，使得宋朝时期的社会流动大大增加，在带给了两宋繁荣似锦的经济之外，也使得朝廷能够笼络到范围更广、为数更多的优秀人才来巩固国基，而这部分人才的诞生和兴起，又创造了大量优秀的文明成果，使得宋朝在许多领域都获得了长足发展。平民社会中所蕴藏着的巨大潜能，到宋朝算是得到了一个强烈的迸发，这种潜能给宋朝带来的不仅仅是中国社会发展史上的一大变迁，更是中国文化史上的一大跃进。

宋以后的平民社会基本上都传承了宋朝平民社会的特质，尤其是明朝中后期的江南城镇中的市民阶层，他们与宋朝开封、临安等大城市中的市民阶层几乎是一脉相承的。

二、宋儒的风采——文与道的无尽纠葛

书生治国典天下

宋代虽是以兵起家，但是自宋太祖以后的历朝皇帝，却十分推崇文治的功夫，优待读书人，不轻杀文臣。宋朝君臣都十分明白一个通俗的道理——“可马上得天下，安能马上治天下”，所以，宋代崇文抑武之风甚盛，科举考试渐渐攀上高峰，“学而优则仕”，入仕途者日益增多，文臣地位也大幅度提高。两宋时期的宰辅差不多都是通达贤能的读书士人，而地方州官，更是文臣充斥，武官的地位和文官比较起来，愈发显得低下，能够参与到政治权利中去的，基本上都是文臣书生。这样，在有宋一代，出现了一种十分突出的书生治国典天下的现象，为历代所不及。

宋朝的开国宰相赵普，字则平，幽州人，后迁洛阳。他并不是一个十足的读书人，知识水平一般，却于治国方略上很有头脑，刚毅果断、足智多谋，在宋初的一段时间内，赵普算是个书生类型的智囊人物。他在后周时就是赵匡胤的幕僚，辅佐赵匡胤建立宋朝以后，于乾德二年（964）升任宰相，辅佐太祖加强中央集权。历史上有名的“杯酒释兵权”、强干弱枝、分化职权等为政策略，都离不开赵普的谋划。然而赵普终究出身小吏，比起一般文臣来，他的学问要差许多，宋太祖自立朝以后，深感“该用读书人”，所以劝他的智囊宰相赵普也多读点儿书，从此，赵普的角色开始发生了一些转变。他每次从朝中回到家里，就关起书房房门，从他的书箱里取出书来，开始认真诵读，有时甚至到通宵达旦的地步，次日上朝处理政事，仍然是十分地敏捷。赵普去世之后，他的家人在清理他的遗物时，发现他的书箱里就放着一部《论语》，而且才翻了一半。从此，赵普“半部《论语》治天下”的说法便流传开来。可是不管怎么说，赵普的故事毕竟在一定意义上作了宋朝崇文抑武风气的先例，从此之后两宋的宰相，就知识层次而言，都是比较优秀的读书人。

宋朝的政治家中，都是读书人出身，其中不少人都名垂后世，如范仲淹、欧阳修、司马光、王安石、苏轼、叶适、文天祥等一大批名臣。他们都怀有治国之志，在政治上都是很活跃的人物，充分展现出了宋代文臣理国典事的历史风采，但是在他们的求治中，也处处体现着一种源自于唐代古文运动以来的对于“道统”的淡淡的忧愁。北宋名臣范仲淹在其著名的散文《岳阳楼记》中说，“予尝求古仁人之心，或异二者之为何哉？不以物喜，不以己悲。居庙堂之高，则忧其民；处江湖之远，则忧其君。是进亦忧，退亦忧，然则何时而乐耶？其必曰：先天下之忧而忧，后天下之乐而乐欤。”这段话体现出了范仲淹等名臣时刻以家国为忧的情怀，为历代所传诵，此中也表达出了文人们始终如一的“道”的理念，文人治事，忧“道”愁“统”，一代士人治理国家的千愁万绪于此也就表达得更加淋漓尽致。

而宋神宗时的宰相司马光，更是以远迈前代的宏远气概编纂了《资治通鉴》。司马光虽然是奉旨编纂，但是其结果却充分体现了他作为读书人的“道统”观念和作为文臣的治国理念，他在《资治通鉴》第一卷卷首即评论说：“臣闻天子之职莫大于礼，礼莫大于分，分莫大于名。何谓礼？纪纲是也；何谓分？君臣是也；何谓名？公、侯、卿、大夫是也。夫以四海之广，兆民之众，受制于一人，虽有绝伦之力，高世之智，莫敢不奔走而服役者，岂非以礼为之纲纪哉！是故天子统三公，三公率诸侯，诸侯制卿大夫，卿大夫治士庶人。贵以临贱，贱以承贵。上之使下，犹心腹之运手足，根本之制支叶；下之事上，犹手足之卫心腹，支叶之庇本根。然后能上下相保而国家治安。故曰：天子之职莫大于礼也。”从这段“礼”“分”论中，不难窥见司马光作为一个读书人在内心所具有的承袭传统“道统”的观念，其思想也对后来的理学家的思想产生了一定的影响。在《资治通鉴》一书第二百九十四卷卷末，司马光将他编纂此书的目的及其文臣情怀再次做了抒发，他说：“臣常不自揆，欲删削冗长，举撮机要，专取关国家兴衰，系生民休戚，善可为法，恶可为戒者，为编年一书。使先后有伦，精粗不杂，私家力薄，无由可成……重念臣违离阙庭，十有五年，虽身处于外，区区之心，朝夕寤寐，何尝不在陛下之左右！顾以驽蹇，无施而可，是以专事铅椠，用酬大恩，庶竭涓尘，少裨海岳……伏望陛下宽其妄作之诛，察其愿忠之意，以清闲之燕，时赐有览，鉴前世之兴衰，考当今之得失，嘉善矜恶，取得舍非，足以懋稽古之盛德，跻无前之至治。俾四海群生咸蒙其福，则臣虽委骨九泉，志愿永毕矣！”

可见，司马光倾毕生之力而编纂的《资治通鉴》，在致用层面就是要做到“鉴前世之兴衰，考当今之得失”，以为政治之资鉴，所以，《资治通鉴》一直为后世历代君臣必读之书，更是历代读书人治国安天下的必读书，这部书承载了以司马光为代表的宋朝文臣的历史观念、道德观念和政治观念，这种观念是深厚而沉重的，所谓“其兴也勃焉，其亡也忽焉”的历史循环，于兴替之中，别有一番读书人所不堪的情怀。

南宋偏安江南一隅之后，虽然已经失去半壁江山，却仍旧不主武功、不事武力北伐，仍旧是不煴不火，文弱之气有加无减，尽管大臣奏请北伐的所在多有，但是整个宋室却一直没有强硬起来，所以像辛弃疾这样的爱国人士才会不得不以一己之力去敌一国之兵，本欲“了却君王天下事，赢得生前身后名”，结果还是“可怜白发生”，乃至于最后文天祥以“人生自古谁无死，留取丹心照汗青”的千古绝唱来结束了一个朝代的文弱。宋朝的重用读书人，本是皇家传统，逐渐也就形成了一朝的风气，进而影响了整个社会风尚，所以两宋一朝，出现了极其兴盛的文人典政的局面。但是自古文人多空论，纠缠于文道之间，说理辩义，无有已时，也许也正是由于书生治国的缘故，两宋才一直显得文弱不禁武功。然而书生典政，倒也并不是弊窦丛生，因为文臣受学于孔孟之书礼，故而在政治上十分讲求儒学思想和儒家秩序，誓死捍卫“道统”，即使后来理学诞生后，亦未放弃此种道德教化的功用，这对于稳定政治统治而言，是颇有好处的，因为道德教化，往往在书生士人看来是整个社会政治秩序至为重要的一面，所谓“为天地立心，为生民立命，为往圣继绝学，为万世开太平”即是此意。

管中窥豹，可见一斑，这样的道德教化的推行，恰恰能够在实行中造就一批为朝廷效死力的文臣武弁，所以，宋朝虽然有文臣之间的争执甚至很激烈的党争，但是却从未出现过大的内讧和分裂。两宋在文学、思想、艺术等等文化方面，更是竞相争艳，登上了中国文化史上的一个又一个的高峰，不能不说是有赖于两宋的文人政治局面所奠定的和平稳定的社会根基的存在。

大变法——王安石与司马光

自宋朝建立以来，一转唐朝开拓疆土的恢宏气势而为守内虚外的内卷政策，实行中央集权的强干弱枝，本着坚强中央权力的中心点来进行了大幅度的调整，结果，宋朝虽然获得了政治上的稳定和经济、文化上的繁荣，却也留下了不少的弊端，最为突出的“三冗”问题即是其表现。然而，宋朝自建立之初，自太祖即形成了一种“祖宗之法”，嗣后历朝君王，都依照此种成法办事，所以宋朝自草创之初所遗留下来的各种弊端，始终未能很好地得到

王安石画像

范仲淹画像

纠正和根除，天长日久，弊端愈演愈烈，各种矛盾不断显现，严重影响了整个国家进一步发展的潜力。北宋建国至宋神宗赵顼时，已历经一百零八年，这百年来的积累，使得大宋河山一片锦绣，但是其自立朝以来的弊端也愈积愈深，矛盾日益突出，所以，神宗变法已经是势在必行之事，因此，熙宁、元丰年间以王安石为宰相，开展了大刀阔斧的大变法。虽然后来变法遭到挫折，以司马光为首的新宰相断去新法、重新理旧，但是，这次大变法的影响却波及整个宋朝历史，且对后世发生了莫大的影响，整个中国的11世纪是与这场空前绝后的大变法紧紧纠合在一起的。同样，这中间的整个的历史，也是与王安石和司马光这两个似乎站在对立面的历史人物密不可分的，而隐藏在二人背后的，却仍然是“道统”二字的无尽纠缠。

在王安石变法以前，还有一个“庆历新政”的出现。北宋的矛盾，到仁宗时期已经是尾大不掉了，经济上开始颇感困窘，吏治腐败也日甚一日，加之北方政权的相继建立和骚扰，更加使宋朝开始力有不逮。内外交困之下，以欧阳修为代表的一批“以天下为己任”的文臣开始呼吁改革，改革的声浪一潮高过一潮，至宋仁宗庆历三年（1043），以范仲淹、欧阳修等几个重要的官员为中心，北宋王朝开始了有史以来的变法改革，史称“庆历新政”。宋仁宗有鉴于大臣们不断地要求变法的奏请，任命一贯主张改革的欧阳修、蔡襄等人为朝廷谏官，任命范仲淹和富弼为参知政事，在中枢权力机关上完成了主变派占主要地位的调整，该年十月，宋仁宗颁布新法，令行全国，以革除旧弊，“庆历新政”紧锣密鼓地展开了。

“庆历新政”的主要纲领是范仲淹的《上十事疏》。范仲淹于庆历三年九月上奏了他的这片疏言，其“十事”分别是：“明黜陟、抑侥幸、精贡举、择长官、均公田、厚农桑、修武备、减徭役、覃恩信、重命令。”从范仲淹的改革内容来看，涉及到政治、经济、军事等方面，而其中的中心问题则是志在改革官制，即北宋相当浮糜的官员“磨堪”，规定文官三年一迁，武官五年一迁，这导致了官员都坐等升迁、无人办事、效率低下、官场冗滥、腐败丛生。因此，范仲淹的改革方案便及时地针对这种局面提了出来，欲对症下药，以解决官场积习。除了他的奏疏外，富弼也上了他的《安边十三策》，重在军事。

然而“庆历新政”自宋仁宗庆历三年十月施行，经过短短的八个月，到次年五月就宣告失败。“庆历新政”之所以遭到挫败，主要的问题就是改革官制的阻力过大，范仲淹等改革派志在革除积弊，对“磨堪”进行大的整顿，这不可避免地要触及一大批权贵的切身利益。所以，在新政开始不久，从中央到地方的许多官员都起来与改革派为难。不久，范仲淹和富弼先后外放，后又遭到贬谪，“新政”派官员受到了沉重打击，“庆历新政”也随之偃旗息鼓了。然而“庆历新政”却给后来的王安石大变法奠定了基础，其先锋影响在宋朝历史上是不可磨灭的。

“庆历新政”失败了，宋朝的积弊仍然存在，且日益恶化，大有已成累卵之势，尤其是北方边患的日益加深，这使苏轼、王安石等一批后起的宋朝官员看到了这种潜在的危险，于是继“庆历新政”后他们仍然要求改革，无奈当时宋仁宗已届晚年，也无力再来一场像“庆历新政”那样的变法了，所以终仁宗一朝，未再变法。嗣后的英宗虽然有改革之志，却身体多病，承大统四年便驾崩归西，改革的重任，留给了宋神宗。

宋神宗初登大统之时，是锐志改革的，他比较清醒地意识到了宋朝自立国以来所面临的国弱虚糜的严重困难，认识到了改革的必要性，因此，他即位之初即开始着手进行改革的准备。然而前已有“庆历新政”之覆辙教训，此次变法，不得不慎重行事。所以，宋神宗在选定变法主要人物的问题上，颇费脑筋。经过一番挑选对比，宋神宗最终圈定了王安石为变法的核心人物。之所以用王安石，一个重要的原因是王安石曾经在宋仁宗嘉祐三年（1058）上了一道呼吁变法的所谓《万言书》，针砭时弊，言之凿凿，呼吁“法先王之政”、变革当前的法度，以求得太平盛世。王安石的《万言书》虽然没有引起宋仁宗的第二次变法，但是却在士大夫中间引起了强烈的反响，王安石也因此而在朝野内外赢得大名。宋神宗要变法，要找到一个敢于任事的、有胆魄的大臣，当时最得圣心的无人能出王安石之右。所以，王安石便被推到了时代的浪尖上来了。

宋神宗熙宁二年（1069）二月，蓄势已久的大变法正式在全国推行，史称“熙宁变法”。变法的推行者是以王安石为核心的一批人，他们背后直接以宋神宗为依托，故而才能在北宋当时复杂离乱的政治舞台上形成了一个比较强势的变法改革集团。

王安石的变法内容主要涉及经济、军事和文化教育等几个方面的改革，但是没有像以前的“庆历新政”那样进行官制方面的大力改革，这明显是吸收“庆历新政”的教训，以期减少改革阻力。在经济方面，主要是着力推行了六大方面的内容：均输法、青苗法、农田水利法、免役法、市易法、方田均税法。这些法令中比较重要的像青苗法，即在农民青黄不接的时候由结保的农户向政府直接贷款或贷谷物种子，待秋收后再按息偿还，这是针对豪强大户兼并之弊的，以恢复民力，此法不久即行之全国，引起的反响很大。再如方田均税法，就是要通过丈量清楚土地，按地均税、杜绝逃税之弊，以增加政府收入。王安石的这些经济政策，可谓是“富国”之策。与此同时，在军事上也展开了“强兵”之术，军事方面的改革主要包括保甲法、保马法、设立军器监、将兵法等等，这着意于改革宋沿袭已久之“冗兵”的局面。在文教政策上，王安石主张科举中间“罢明经及诸科，进士罢诗赋”，改考务实致用层面的经义论策。为了与此相适应，王安石还主持注释了《诗》《书》《周礼》之义，合称《三经新义》，颁行天下，以为考试之标准。同时王安石还进行了太学等学校制度的改革，其改革的目的，其实只有一条，就是通过这样一种务实致用的科举制度和教育制度来发展教育，为国家延揽更多、更优秀的士人，逐渐从本源上改变立国百余年来形成的“冗官”的积弊。

王安石的改革，无论从内容还是力度上，都是宋朝建立以来最大的一次变法，也是整个中国11世纪中最大的变法改革。然而，百余年来的积弊，也绝不是一朝之内可以解决的，更为重要的一个因素是，在这次变法中，王安石个人的理想化因素和崇古思维，也在一定意义上影响了这次变法的走向。变法从一开始就淹没在了反对者的一片声浪之中，有的起而攻击王安石本人，比如度支审院通判王益柔就说："人君之难，莫大于辨邪正。邪正之辨，莫大于置相。相之忠邪，百官之贤否也。若唐高宗之李义甫，明皇之李林甫，德宗之卢杞，宪宗之皇甫镈，帝王之鉴也。高宗、德宗之昏蒙，固无足论。明皇、宪宗之聪明，乃蔽于二人如此。以二人之庸，犹足以致祸，况诵六艺、挟才智以文致其奸说者哉。"此语含沙射影，意在攻讦王安石本人是奸臣贼子。有的则是起而攻击新法的漏洞和施行的恶劣效果，有的是反对王安石这种大变全变的过激做法的。种种说法，不一而足。其中，反对派的领军人物司马光就不认同王安石的做法。司马光虽然不是一成不化的老保守派，甚至他本人也曾经进行过新的改革，但是，他却对王安石的变法行为极为不满，他只强调局部、小范围的就病治病的改革调整，不赞成王安石式的大变乾坤的做法，认为"祖宗之法不可变"。司马光曾经对宋神宗说道："且治天下譬如居室，敝则修之，非大坏不更造也。"因为"大坏而更改，非得良匠美材不成，今二者皆无，臣恐风雨之不庇也"，这句话就充分体现了司马光对于王安石大变法的态度。

其实，在这场"熙宁变法"中，置身事外的司马光虽然与主持变法的王安石发生了严重分歧，但是就其竭诚为国来说，二人则是一致的，只是在改革的具体措施上，各有偏向。王安石以其生气勃发的书生意气，意欲围绕经济、军事等大弊之区，进行一番大刀阔斧的改革，以解燃眉之急。而司马光则认为在当此王朝守成时期，不能偏于过激，而应通过对伦理纲常的逐渐整顿，将存在的弊端慢慢消除，以防出现动荡局面。从变法实际实行情况来说，王安石虽然有一身的抱负，但是他在变法中出现了相当严重的任人失误，以至于使新法在推行过程中弊端丛生，引起了人民的不满，以此观之，司马光的担心是不无道理的，证明了其在政治上的成熟、老练和稳健。司马光和王安石本是私交甚好的朋友，但是因为变法政见不合，导致难于在政治上合作，所谓“道不同，不相与谋”。这样，司马光退居洛阳，倾力编纂《资治通鉴》。

王安石的变法遇到了前所未有的比“庆历新政”还要大的阻力，朝廷内外，一片反对声浪，在这种局面下，王安石不得不提请辞职，宋神宗也无可奈何，只好准奏，外放江宁知府。

此后十个月中，宋神宗依旧施行变法，而且开始事必躬亲，直接参与领导和过问变法事宜，在周围大臣的不停争论中，神宗觉得只有重新起用王安石，才能够以一贯的魄力继续进行改革。所以，熙宁八年（1075）二月，王安石重新被起用，继续主持大变法。然而，经过整整十个月的罢相外放生涯，王安石的改革意志虽然未挫，内心却受到了莫大的伤害。王安石是个很富才思的读书人，能诗善赋，却不善于玩弄政治权术，他的前后经历给他以很深的打击。尽管司马光等反对派最终未能拗过宋神宗，宋神宗依旧信任王安石而让他复出，但是，这对王安石而言，已有天地之隔了。所以，王安石这次拜相后，面临着仍然很大的改革压力，他的锐气已经不比当年，尤其是他一手提拔起来的吕惠卿反过来攻讦他，使他受到很大打击，加之次年他的爱子又先他而去，王安石不得不于熙宁九年（1076）十月再次罢相，以“判江宁府”的散职再次到了江宁。他在江宁城东蒋山白塘边上盖起了几间房屋，自名“半山园”，自号“半山老人”，俨然已有隐者意。果然，翌年夏，他辞掉官衔，在半山园过上了陶渊明似的恬淡日子，同时开始研习佛老学说，与世俗已经无争，这与当年那个叱咤风云的政坛上的王安石相比，简直判若两人！历史，往往是这样的令人无奈。

两年后，即公元1078年，宋神宗改元“元丰”，依然推行他的新法不辍，然而无论从力度还是实效来看，元丰年间的新法，都不如熙宁间的。七年后，即元丰八年（1085），宋神宗带着他那未尽的变法事业驾崩，新法丧失了根本性的支撑。年仅十岁的赵煦即位，是为宋哲宗。神宗死后，司马光当即被皇太后高氏迅速召进东京，匆匆之中拜得相位，全权主持废除新法的事宜。六十七岁的司马光重新踏上了政治舞台，并且进入了朝廷权枢中心。当时，废除新法的浪潮十分高涨，司马光对王安石的变法政策，一开始就不赞同，结果，他开始了在全国范围内停止新法、抛弃新法的变更。由于主要的动作是在次年即宋哲宗元祐元年（1086）进行的，所以司马光的回流政策又被称为“元祐更化”。就在这一年的四月，王安石也在无声无息中赍志而殁。司马光着手对王安石变法进行调整和废除，以老年之身担当一国之任，结果一年半后，由于操劳过度而死于任上。至此，中国11世纪大变法的一位君主和两位大臣先后殒殁，留给后人的，便是无尽的褒贬评说。

中国11世纪的大变法就此落下了帷幕，历史留下了宋神宗和他的两个臣子——王安石和司马光的名字。这场变法，随着历史的演进，其影响愈来愈大，究竟是大刀阔斧的改革，亦或是“非大坏不更造”，成为摆在改革者面前的两个选择。王安石和司马光二人，一动一静，渐渐成了这场变法的代名词和对立的两极，也代表了11世纪的大宋王朝的文人的两个方向。王安石与司马光，“文”与“道”的无尽纠缠，孰对孰错，委实难以骤然理清。

大变法，留给了后人一个无尽伤感的王朝的背影。

有唐以来的古文运动——唐宋八大家

唐宋两代，文学诗赋异军突起，大兴其道，文坛上先后出现了韩愈、柳宗元、欧阳修、王安石、苏洵、苏轼、苏辙和曾巩等八个主要的代表人物，其散文、辞赋、诗歌，皆可称一代风流，被后世誉为“唐宋八大家”，以此八大家为代表，文学一时称盛，传诵千古。

自韩愈将“古文运动”大张旗鼓地加以复兴以来，古文家们就一直在“文”与“道”的两极中冲突，强调“文以载道”、重建道统的重要意义。以韩愈为中心，古文学家们形成了一个颇具规模的作家群体和社会政治群体，他们在诗文创作、道德文章、社会秩序等方面都进行了具有创新意义的努力，力求复兴儒学。

这种传统，被宋朝的文人士人所继承，将“文以载道”的思想继续加以发挥，逐渐在新的王朝建立以后，形成了儒学主体的社会政治秩序，“光复”了韩愈所求的传统的“道统”。古文运动在文学方面也是代有传人，欧阳修、苏轼等宋朝文人学士，高举有唐以来的古文运动的旗帜，以六家风流扭转了文风，树立了新风范。在八大家中，除了韩愈和柳宗元外，其余六位都是宋代人氏，可谓是八大家风流占尽千古事，而宋六家又风流占尽八大家。宋朝之所以能出现这种文学上的盛事，开创一代儒士新风，是与其所处的历史环境密不可分的，而宋朝的环境中所孕育着的儒家文人，也在那特殊的氛围里开辟了一个新的文化走向。

自唐代以来，有所谓的“古文运动”的兴起，并直接在中国文学史，进而在中国思想史的领域中都掀起了轩然大波，“古文运动”由此长期受到世人的关注。这里所谓的“古文”，是指由韩愈率先提出反对唐朝时的所谓“时文”即骈体文或称骈文，提倡采用先秦两汉时形式自由活泼的文体而作言之有物的文章。骈文是魏晋以来形成的直到唐朝前期仍然流行的一种文章体裁，它十分讲求对称的骈偶句法，日久流于具文，专求辞赋的华丽工整。到六朝时，发展到了外观辞藻华丽，内窥则空洞无物的地步。诸家作文，不求实用，不求言实物，仅仅就修辞句章反复斟酌，只要文章华美，即达目的。更为明显的一个趋势是，当时的士人已经开始受骈文的影响而将骈偶修辞等用法用进了公文奏议、议论信札中去了，结果导致了政治章奏的文学化，降低了行政的效率，严重束缚了人们的手脚，影响了思想的自由发挥和表达。

因此，韩愈才主张复兴“古文”，即先秦两汉时的单行散句，没有规定形式的自由活泼的文体。

骈文的一统文坛，使得文章逐渐在日益华丽的辞章中生气丧尽，“意浅而繁，文匿而彩”。这种状况，到了唐朝初期一直继承下来，但在唐朝已经开始有所活泼，虽然骈文的使用已经生机衰颓，但是却仍然占据着文坛，况且，唐朝王室推崇道教，加之佛教的浸润，导致了传统的儒家思想被排挤到边缘，这对受儒家道德文章熏染的士人来说，是一个很揪心的现实问题。而历时八年之久的“安史之乱”使得唐王朝由盛转衰的残酷现实，更加使得一部分现实感很强烈的士大夫急于寻找挽救衰世的方案。他们最终的结论，认为是由于人们背离儒家传统所导致的，当前的挽救之方，只有重新树立儒学的中心地位。因此，

"文"与"道"，就在这个层面上联系到了一起。

为了对抗骈文，解放人们的头脑和手脚，进而恢复儒家思想的教化功能，恢复士人心目中真正的"道"，影响巨大的"古文运动"应运而生了。古文运动变骈为散，是着意要将人们的头脑解放出来，能够自由发挥想像、能够把个人的能动性充斥进文章中去、能够经事济世。而由此应当注意的另一个十分重要的事实，即"古文运动"其实并不仅仅是单纯的文学上的一场运动，更是一场古文家带着浓厚的"托古文以改制"的复兴传统儒道的运动；变骈文为散文，利用散文来宣扬正统思想，以复兴唐朝、复兴儒道。所谓"文章可以假道，道德可以长保，华而不实，君子所丑"，即是此意。"古文运动"在此规划出了一幅将"道"贯注到"文"中以实现"道统"的蓝图，而"文"与"道"的无尽纠葛，也由此拉开了真正的帷幕。

"古文运动"的造势与复兴，韩愈功不可没。

韩愈是"唐宋八大家"之首，在政治上极力维护中央集权，反对藩镇割据，具有极其强烈的传统儒家的"道统"热情；在文学上文采飞扬，恣肆不可遏抑，所谓"如长江大河，浑浩流转，鱼鼋蛟龙，万怪惶惑"。所以，当他切身投入进古文复兴运动中的时候，便犹如利刃探囊，最终以其个人出众的才华，使古文运动逐渐由唐朝初期的黯淡而走向喧嚣，尤其围绕着"文—道"问题，展开了激烈的争辩。古文运动最终之所以能够获得成功，不仅由于韩愈深厚的儒家理论功底的表露和辩论的机锋，更是由于他才华横溢的散文文章的深入人心，从实践的层面对骈文形成了巨大的挑战，冲破了骈文的思想藩篱，一展散文体的清新和思辨，以突出的成就重新奠定了“古文”即散文体在文学上的中心地位。

韩愈在“古文运动”中的主张，主要体现在以下两个方面。

第一，韩愈主张写散文的时候要师法古人，即他本人所谓的“宜师古圣贤人”，但师法古人古文，也不能因为“其句读不类于今”而放弃或者潜入句读中去。正确的做法应当是“学古道则欲兼其辞，通其辞者，本志乎古道者也”，其意思即学古文根本上是为了修习“道”，学习古人的“道统”，这也就是韩愈所提倡的“文以载道”。“文以载道”思想是古文运动所提出来的一个尤其能表达其精髓的口号，它将“文”与“道”紧紧结合到一起，在这里得到了空前的统一。要理解韩愈的古文运动，只要能够充分理解这一口号，就基本上可以窥见这场运动的内质。韩愈这里所说的“道”，既兼有人的内在道德修养和人格精神的双重含义，又含有重新建立以传统儒学为中心的政治秩序、社会秩序的深刻含义。这些思想在韩愈的《原道》《原毁》《师说》《争臣论》等文章中都得到了很好的体现和表达，他对“道”的这两方面都是非常重视的，尽量做到一致。韩愈的这种思想和孟子的精神比较一致，而他生平最推崇的就是孔孟。

第二，在学习模仿古人的“古文”散体风格之时，还要注重独创。这就是韩愈一再强调而又为后世所推崇备至的“词必己出”。在此之前的骈文，写作上的一个十分突出的特点是好用典故，后来几乎典故充斥了整篇，滥用之风亦盛，缺乏自己的创造，日久天长也就严重束缚了头脑，只知道沿袭古人典故。韩愈倡导古文运动，同时为了避免像骈文一样走入滥用典故、死学古人的死胡同，便极力强调文章的独创性的重要，要求在学古文的过程中要做到“词必己出”“唯陈言之务去”。这些都有如古文运动的警示和大旗，昭然蓬勃于骈文之上，凌气自足，千古同叹。在古文的学习中，韩愈也充分强调个人对古文理解的重要性，他说对古人之言要做到“迎而距之，平心而察之”，最终以自己的心得体会来理解当日之情景，力求做到文外文内相一致、古今道统相沿袭，这样，才算是得到了古文运动的真意境。

柳宗元（773～819），字子厚。唐代河东（今山西省永济市）人。著名文学家、思想家，唐宋八大家之一。二十一岁登进士第。顺宗即位后，王叔文等执政，他参加了王叔文的集团，被任命为礼部员外郎。这时他和王叔文、刘禹锡等积极从事政治、经济、军事等各方面的革新，如罢宫市、免进奉、擢用忠良、贬谪赃官等，但王叔文执政不到七个月，因为遭到宦官和旧官僚的联合反攻而失败，柳宗元也被贬为永州司马。十年后，改为柳州刺史。宪宗元和十四年（819），卒于柳州，年四十七岁。

由于长期被贬谪在南方，所以柳宗元的古文理论与创作实践没有韩愈的影响大，但是他也有其独特的贡献。

和韩愈一样，柳宗元也强调“文”与“道”的关系。他在《报崔黯秀才论为文书》中指出：“圣人之言，期以明道，学者务求诸道而遗其辞。辞之传于世者，必由于书。道假辞而明，辞假书而传，要之之道而已耳。”意思就是说，写文章的目的是“明道”，读文章的目的是“知道”，文辞只是传达“道”的手段和工具。在《答韦中立论师道书》中，他更明确提出“文者以明道”的原则；在《答吴武陵论〈非国语〉书》中，他又要求文章有“辅时及物”的作用，也就是要能够针对现实、经世致用。

柳宗元对骈文也持批判态度。他在《乞巧文》中就讽刺骈文是“眩耀为文，琐碎排偶；抽黄对白，啽哢飞走；骈四骊六，锦心绣口；宫沉羽振，笙簧触手；观者舞悦，夸谈雷吼；独溺臣心，使甘老丑”，指责骈文“金玉其外”的表象。他推崇先秦两汉的经典古文，认为是“文之近古而尤壮丽，莫如汉之西京”。主张下笔为文要“本之《书》以求其质，本之《诗》以求其恒，本之《礼》以求其宜，本之《春秋》以求其断，本之《易》以求其动”，要旁考《谷梁》《孟》《荀》《庄》《老》《国语》《离骚》《史记》的气势、脉络、文采等。

和韩愈相比，柳宗元更加偏重于对情感的含蓄表达，正如他自己在他的《答韦中立论师道书》中所说的那样："吾每为文章，未尝敢以轻心掉之，惧其剽而不留也；未尝敢以怠心易之，惧其弛而不严也；未尝敢以昏气出之，惧其昧没而杂也；未尝敢以矜气作之，惧其偃蹇而骄也。"和韩愈相反，柳宗元是信佛的，他也曾多次反驳韩愈，认为佛教让人"乐山水而嗜闲安"，并主张感情不可过分外露，因此，他常常写一些感情深沉含蓄的散文。相比之下，他的作品虽然在力度、气势上不如韩愈，但在隽永、含蓄上却超过了韩愈，而且柳宗元的文风偏于自然流畅、清新隽永，更能令读者回味。在语言的外在形式上，他更重视内在的"意"和语言的"畅"，他的为文向来以"峻洁"著称。他在《复杜温夫书》中说："吾虽少为文，不能自雕斫，引笔行墨，快意累累，意尽便止。"在《柳公行状》中则借赞美柳浑散文提出："去藻饰之华靡，汪洋恣肆，以适己为用。"

柳宗元以自己的创作实践发展了古文运动，他一生留下了大量的作品，虽然在诗歌辉煌的大唐国度，他的诗歌数量十分有限，但在散文方面却成为一代大家。

在议论文、寓言等方面，柳宗元为后世留下了极其优秀的作品。议论文如脍炙人口的《封建论》，不仅逻辑谨严而且文笔犀利而流畅；《捕蛇者说》则通过渲染捕蛇之险来反衬赋税之沉重，篇幅虽短而主题深刻、波澜曲折；

寓言如《三戒·黔之驴》借驴来比喻、讽刺那些外强中干、实无所能的庞然大物；《罴说》则借鹿、貙、虎、罴一物制一物的道理，来比喻那些“不善内而恃外者”只知假借外力而不思自强的愚蠢行为，想像丰富奇特，语言犀利精练。

柳宗元散文中写得最好的是那些山水游记。他的山水游记并不是单纯地去描摹景物，而是寄情山水，借对自然的描述来抒发自己的感受，是以心与笔“漱涤万物，牢笼百态”。所以，他笔下的山水，都具有他所向往的高洁、幽静、清雅的情趣，也有他诗中孤寂、凄清、幽怨的格调。小石潭的“凄神寒骨，悄怆幽邃”，小石城山的“列是夷狄，更千百年不得一售其技”等都是他“心凝形释，与万化冥合”的表现。这些优美的山水游记，生动地表达了人对自然美的感受，丰富了古典散文反映生活的新领域，突破了过去散体文偏重实用、以政治和哲理议论为主的局限，改变了散体文以先秦两汉诰誓典谟、史传书奏为典范的观念，从而确立了抒情山水记在文学史上的地位。

北宋真宗至神宗年间（998~1086），国家渐趋稳定，国力慢慢达于极盛时期，社会秩序的稳定、经济的持续繁荣、科学技术的不断进步、思想文化的复苏活跃以及宋朝廷优礼文士的温和政策，都为文学艺术的发展提供了良好的土壤。所以，文学在经历了晚唐、五代的衰靡不振之后，在宋代文坛上又开始出现了人才辈出的兴旺之象。其中以欧阳修为首的一批文人脱颖而出，成为这一大群优秀人才中出类拔萃的佼佼者。

在北宋六家中，以欧阳修为最先，其文采辞章、政途宦迹，皆可称宋代文人学士之先锋者。

欧阳修（1007～1072），字永叔，号醉翁，又号六一居士，江西庐陵（今永丰县沙溪）人。欧阳修幼年丧父，家境清贫，其启蒙时期有赖母亲以荻画地，教其识字书写。欧阳修才思聪敏，年少作文，即可“下笔出人意表”，《宋史·欧阳修传》中亦言其“幼敏悟过人，读书辄成诵”，一时传为美谈。他奋发读书，于宋仁宗天圣八年（1030）得中进士甲科，任西京（洛阳）留守推官，自此踏入宦途，累擢知制诰、翰林学士、历枢密副使、参知政事等职，宋神宗时期又迁兵部尚书，后以太子少师致仕。卒赠太子太师，谥文忠。欧阳修历官一生，是北宋中期重要的政治人物，尤以敢于直言进谏闻名，宋仁宗称赞他：“欧阳修者，何处得来也？”他迭遭排挤贬谪，但是其高风亮节，足叹后世。欧阳修于文才辞章，颇有心得，下笔纵横恣肆、文思泉涌不可遏抑。所以，除了他的政治才能之外，他在文学上的造诣也为朝廷所重视，故而往往在贬官不久后便重新得到起用。其政宦此起彼伏，与其横溢之才华颇有渊源。

欧阳修在政治舞台上，可以说是一个比较成熟的政治家，在他刚刚入仕的时候，正值名臣范仲淹呼吁改革，欧阳修认为北宋一朝发展到当时，积弊已经比较严重，因此他坚定地支持以范仲淹为代表的改革派，评价范仲淹“仲淹刚正，通古今，班行中无比”，因此也主张除去旧习、务行宽简、精兵简政等等改革措施。欧阳修晚年又遇到了王安石大变法，他以一个老成持重的政治家的眼光，和司马光存在着一定的共识，对王安石的激进策略有所抵制和抨击，但是这也并非是一种保守思潮在作怪，其背后的政治磨砺给他带来的成熟眼光，倒是不可忽略的。

政坛上的经历，是和其文学相辅相成的，欧阳修在文学上大倡改革，力主改变自宋初以来沿袭已久的“西昆派”诗文，继承韩愈的“古文运动”的精神，号召古文，以行“道统”。自宋初以来，随着社会的日益承平，诗文方面逐渐出现了立于此种基础上的浮华气象，其突出表现就是一种“西昆体”诗文的流行。西昆体诗文，表面上华丽章袖，实际内涵贫乏，更毋论其社会意义，其所存在的风气，犹如魏晋以来之骈文一般，起初虽然清新，但是日久天长就演为具文而无血肉。因此，为了矫正西昆体给文坛带来的流弊，欧阳修上承韩愈之道，大力提倡古文。欧阳修于文学观点上远师韩愈，主张“明道致用”，他强调“道”对“文”的决定意义，以“道”为实际内容，以“文”为表面形式，一内一外，一体一用。此外，他还特别重视对“道统”的修养，认为要使自己的“文”出彩，就要依托于“道”的修养，要“师经”，进而“师道”，最后才可厚积薄发，做到“文”与“道”的完美结合。同时，欧阳修又突破了韩愈的比较空泛的主张，开始向务实致用的实践层面上去努力。在“文”与“道”二者的关系上，欧阳修主张既要并重，重“道”重“文”，又要注意防止空蹈“文”言，要着重于在实际中切实做事、不务风华，非常反对“务高言而鲜事实”，提倡“事信言文”。欧阳修以此为准绳，得到了当时许多人的赞成和支持，另外，他还注意提拔后进，培养出了王安石、曾巩、苏轼等一代新进文臣和作家。而他所提携上来的年轻一代，最后又很好地贯彻了他的主张，把他的言论付诸于实践，最终带来了新的大家。可以说，欧阳修着力倡导的诗文革新运动，取得了成功。

欧阳修的文学创作成就，以散文为最高，这也正是其承接“古文运动”的结果。比如他的《醉翁亭记》，就写得委婉曲折、风格清新、秀句迭出，“醉翁之意不在酒，在乎山水之间也”为千古所传诵，他在政治风雨之中的从容情怀，表露无遗。《宋史·欧阳修传》中评价他的文才辞章时说：“为文天才自然，丰约中度。其言简而明，信而通，引物连类，折之于至理，以服人心。超然独骛，众莫能及，故天下翕然师尊之。”可见其文学成就之高、当时名誉之重。

欧阳修的诗词也颇有成就。他的诗风与其散文很近似，讲的是“以文为诗”，语言流畅自然、风格清新自丽，不流于冠冕堂皇的华盖辞章。欧阳修不仅善于作诗，而且善于论诗，其评论方式别具一格、随和漫谈，于自然之中流露评论之意，后人将他的评论辑录成书，即《六一诗话》，结果开创了一种论诗的新形式。欧阳修的诗歌，对于褪去“西昆体”的浮艳诗风起了非常良好的导向作用。欧阳修的词，词风清丽、几多幽怨，多承南唐之风，后人多说其与晏殊词风较为接近，但题材较晏殊词广泛，涵盖有述怀、咏史、民情、风俗等方面的作品，艺术价值也都很高。

总之，欧阳修在宋代文化史、文学史以及整个中国文化史、文学史上都占有非常重要的地位，他是一个开启新阵营的领军式的人物，唐朝有韩愈，宋朝有欧阳修，其突出成就为天下人所共仰，苏轼曾经说“天下翕然师尊之”，可见其地位。经过欧阳修的提拔栽培，宋代逐渐崛起了一批优秀的文士，继承了韩愈、欧阳修的优良传统，开创了一个亘古的文学盛世。

由欧阳修的提拔而入仕的曾巩，也是“唐宋八大家”之一。

曾巩（1019～1083），字子固，江西建昌郡南丰人。《宋史·曾巩传》中说：“曾巩生而警敏，读书数百言，脱口辄诵。年十二，试作《六论》，援笔而成，辞甚伟。甫冠，名闻四方。欧阳修见其文，奇之。”从而深受欧阳修的器重，愈发得其提携。宋嘉祐二年（1057），曾巩得中进士，自此入仕途，历任馆阁校勘、集贤校理、实录检讨官、中书舍人等职。

曾巩出自欧阳修门下，乃欧的门生，所以不遗余力地支持欧阳修在诗文方面的革新运动，并且所作诗文也都循此线而行。曾巩完全接受了欧阳修“先道而后文”的古文创作主张，相信“文以明道”，并将欧阳修的“事信、言文”等观点推广到史传文学及碑铭传记上来，使欧阳修的“文道”观念又得以扩大。曾巩平生作的最好的是其道德文章，他十分推崇“道”，比之欧阳修有过之而无不及。由于不太注重文章的雕饰，所以，曾巩的散文在“唐宋八大家”中是情致和文采都较平凡的一家。但其儒学正统之“道统”气味则十分浓厚，自呈一家风采。曾巩的散文朴实简洁、笔锋犀利，破除“西昆体”的雕琢堆砌，其深切往复、善于自道的创作手法对后世古文作家的风气影响颇大。曾巩的好友王安石就曾经在《赠曾子固》中赞扬他说：“曾子文章世稀有，水之江汉星之斗。”而后来苏轼也评论说：“醉翁门下士，杂从难为贤；曾子独超轶，孤芳陋群妍。”《宋史·曾巩传》在评论其文章时说：“为文章，上下驰骋，愈出而愈工，本原《六经》，斟酌于司马迁、韩愈，一时工作文词者，鲜能过也。”可见其影响之大。曾巩的文章，长于议论、善析微言、阐明疑义。他的政论文写得言辞质朴，“道统”之味甚浓，如《上欧阳舍人书》《上蔡学士书》《赠黎安二生序》等等。其记叙文亦常多议论，如《宜黄县县学记》《墨池记》等篇章，时刻不忘评论古今之事。曾巩在作诗方面，也甚有所传，其诗今存四百余首，尤以七绝成就较高，传有《元丰类稿》五十卷。曾巩的诗，虽然格调超逸、字句清新，但因为他的喜言“道统”义理的习惯，所以他的一些诗文存在着既言文又言理的倾向，倒也可见曾氏风气。

总而言之，曾巩受欧阳修的影响很大，却又“道”支别出，一路发展开来，其倡导“文以明道”，也取得了比较大的成绩，产生了莫大的影响。

除曾巩之外，得到欧阳修赏识的还有苏轼。苏轼可谓是宋朝的一个重要而关键的人物，无论政治史、文化史、文学史等等，皆抛不开他的存在。而他与他的父亲和弟弟同列“唐宋八大家”这在文学史上恐怕也是绝无仅有的。

苏洵（1009～1066），字明允，号老泉，苏轼的父亲。《宋史·苏洵传》中记载说：“苏洵年二十七始发愤为学，岁余举进士，又举茂才异等，皆不中。悉焚常所为文，闭户益读书，遂通《六经》、百家之说，下笔顷刻数千言。”经过数年寒窗，“至和、嘉祐间，与其二子轼、辙皆至京师，翰林学士欧阳修上其所著书二十二篇，既出，士大夫争传之，一时学者竞效苏氏为文章。”可见，苏洵文章作得也是很好的，其一家的发迹，也是与前辈欧阳修的奖掖分不开的。苏洵为文，大有风气，纵论古今、游刃有余。在思想上，苏洵也继承了“古文运动”之道，同时主张致用，他主张作文的主要目的是“言当世之要”，是为了能够“施之于今”。苏洵对现实是很关注的，所以他常常在其政论文中抒发情怀，同时往往提出一些主张，例如他在《衡论》和《上皇帝书》等议论文中提出了一套比较完整的政治革新的主张。他认为治理国家，应当“审势”“定所尚”，主“尚威”、主清明吏治、破磨堪积弊，以此激发国人进取之心，达到王朝中兴局面。他的政论文写得大方有气，且常常以古鉴今，其作《六国论》，就是以古鉴今的好篇章，寓意宋朝要竭力振兴才是。

苏洵的散文带有强烈的政论文的色彩，语言锋利、纵横恣肆，十分具有说服力。欧阳修曾经称赞说“博辩宏伟”“纵横上下，出入驰骤，必造于深微而后止”，曾巩也评论他的文章“指事析理，引物托喻”“烦能不乱，肆能不流”。这些评价，都比较中肯地点评出了苏洵散文的特点。苏洵的散文还有清新隽永特色的，但是其最长处，还是政论的部分。苏洵曾经自己评论自己的文章说：“能兼得诗人之优柔，骚人之清深，孟、韩之温淳，迁、固之雄刚，孙、吴之简切”，可见他对自己的文才也是相当自负的，才情具发于一。有《嘉祐集》十五卷传世。

苏轼（1037～1101），字子瞻，号东坡居士，四川眉山人。他和他的父亲苏洵、弟弟苏辙均以诗文称著于世，世称“三苏”。苏轼在诗、词、散文里所表现出的豪迈气象、丰富的思想内容和独特的艺术风格，标志着北宋文学的最高成就，展现了韩愈、欧阳修以来的古文运动和诗文革新运动的突出成就。苏轼是继欧阳修之后的宋代古文运动的领袖，其散文、议论文汪洋恣肆，记叙文结构谨严，《石钟山记》《放鹤亭记》《赤壁赋》《后赤壁赋》等均为传诵千古的名篇佳作。苏轼在文学史上的一大贡献，在于他和欧阳修一起建立起了一种新的散文风格，世称“欧苏”。苏轼的散文也向来同韩、柳、欧三家并称。苏轼在文学思想方面强调“有为而作”，主张自然洒脱、不拘成例，所谓“出新意于法度之中，寄妙理于豪放之外”。同时，他反复强调“辞达”，重视表达文章思想内容本身的作用，所谓“文以载道”“文以明道”，注重辞章在这方面的运用。

苏轼的诗作，清新自然、题材广阔，内容丰富又风格多变，取得了很高的成就，标志着宋诗的走向成熟。苏轼的诗，今存有二千七百多首，如《饮湖上初晴后雨》《海棠》《题西林壁》《惠崇春江晚景》《赠刘景文》《春夜》《荔枝叹》等，直到现在仍然为人们所传诵；苏轼的诗，还善于运用新奇形象的比喻来描绘景物、阐发哲理，比如《题西林壁》中“不识庐山真面目，只缘身在此山中”于描述事物之中阐发作者心中的义理，往往令人耳目一新。苏轼诗的这种特点，也正好是宋诗重理趣的特点的表露。

苏轼在文学上最大的成就，是他对词的气象的开拓，他冲破了晚唐以来的柔弱之风，开创了豪放一派。词自“花间”以来，一直走着绵软香艳的狭窄之路，至苏轼冲破了这种脂粉气，改变了五代以来词为“艳科”的旧框架，扭转了晚唐、五代词家的婉约作风，扩大了词的题材，提高了词的意境，并且承袭韩愈、欧阳修的倡导，力主古文运动和诗文革新，把古文运动的思想扩展到词的领域里来。在词的内容方面，苏轼多方面吸收了陶渊明、李白、杜甫、韩愈等人的诗句入词，偶尔也运用当时的口语，给人一种清新朴素的感觉。而且，为了充分表达出词的意境来，有时还不拘成例地突破音律上的束缚。总之，豪迈奔放的情感、坦率开朗的胸怀，一直都是苏轼诗词的浪漫主义基调。他和南宋的辛弃疾把词风逐步扩大，成就了卓绝千古的“苏辛”豪放词派，“大江东去浪淘尽，千古风流人物”，这种词气情怀，唯苏轼有之。

苏轼其人，才华横溢。诗词文赋之外，也很擅长书画。苏轼尤擅行书、楷书，其书取法李邕、徐浩、颜真卿、杨凝式等人，又能自创新意。书法史上，苏轼与蔡襄、黄庭坚、米芾并称“宋四家”。书法之外，苏轼亦工画作，尤能画竹与枯木怪石，画论主张“神似”，主张“诗中有画，画中有诗”的艺术造诣。苏轼的画迹现存有《枯木怪石图》《竹石图》等，均可从中一窥苏轼的画风。

和欧阳修一样，苏轼也很注意提携奖掖后进，被称为“苏门四学士”的黄庭坚、秦观、张耒，晁补之四人，就都得到过苏轼的提携，但其四人都各有特色，在文艺方面各有成就，彰显苏门风采。

苏辙（1039～1112），苏洵的儿子、苏轼的弟弟，字子由，号颖滨遗老，亦是北宋著名的文学家，因为家中父亲苏洵“老苏”、哥哥苏轼“大苏”均有声望，所以苏辙便得有“小苏”之称。宋仁宗嘉祐年间进士，累官尚书右丞门下侍郎，卒谥“文定”。苏辙作文，汪洋澹泊，颇类其兄苏轼。苏辙之学，一如其父兄，遵承古文运动，以传统儒学为主，其生平最倾慕孟子，又遍观百家言论。苏辙作文，擅长政论和史论，能够针对时弊、以古鉴今。他在古文写作上，主张要“养气”，即修炼身心，同时又要努力阅世，以增加阅历，这样，作文才可能情发乎一、言之有物。《宋史·苏辙传》谈到他的文才时说：“辙性沉静简洁，为文汪洋澹泊，似其为人，不愿人知之，而秀杰之气终不可掩，其高处殆与兄轼相适。”可见，苏辙的文才也不让其父兄。“三苏”之美，殆可为有宋一朝乃至整个中国文学史上之佳话。苏辙著有《诗传》《春秋传》《论语拾遗》《孟子解》《龙川志略》《古史》《老子解》等作品，有《栾城集》八十四卷，《栾城应诏集》十二卷等传世。

宋朝六大家中，还有一位并列星斗之人，即王安石。

王安石（1021～1086），字介甫，江西抚州临川人，因曾封荆国公，故后人称其“王荆公”，他官至宰辅，以实行宋神宗时代的大变法在中国历史上名垂后世，而其诗文辞赋，更是文学史上的璀璨明珠。

王安石也是得到过欧阳修的提携奖掖的，所以他在文道上，也遵循了古文运动和诗文革新的一派。由于十分关心现实社会，所以他的散文以议论性居多，紧贴社会、政治和人生的实际问题，却较少注意文章气氛的酝酿和辞章的刻意雕琢，也不太注重从感情上动人心弦，而是直接针砭时弊、层层深入、逐条缕析，最后明义、提出主张。因此，王安石的散文，一般来说都体现有较强的概括力与逻辑性，立意上别具一格。其议论文《答司马谏议书》，就剖析了司马光反对新政的言辞，十分明确地表明了自己的政治主张，其文传诵千古而不辍。

受其理念影响，即使做游记散文和小品文，王安石也不忘记“道”的宣扬，他的《游褒禅山记》充满了论“道”的理性色彩，如：“于是予有叹焉，古人之观于天地、山川、草木、虫鱼、鸟兽，往往有得，以其求思之深而无不在也。夫夷以近，则游者众；险以远，则至者少。而世之奇伟瑰怪非常之观，常在于险远，而人之所罕至焉。故非有志者不能至也。有志矣，不随以止也，然力不足者，亦不能至也。有志与力，而又不随以怠，至于幽暗昏惑，而无物以相之，亦不能至也。然力足以至焉而不至，于人为可讥，而在己为有悔。尽吾志也，而不能至者，可以无悔矣。”其中丰富的说理之意，已经十分的明显，也可见王安石的人生阅历。即使在像《伤仲永》这样短小的小品文中，王安石也在借事喻理，反对空恃天才、不学无术，强调学习的重要意义。

王安石的个性特点，就是比较理想化，他一生都在为实现自己心中美好的政治理想而斗争，体现到文学上，也受到这种意识的影响。由于他持有“适用”的文学创作观念，所以其诗文大多带有比较浓厚的致用色彩，并且多是直接涉及政治层面的东西。所以我们看到，王安石的散文以政论性的为多。

王安石作诗，也一如其人风格，具有一种十分明显的忧愁感伤，对人民的同情、对社会的忧虑等等，抒发了他远大的政治抱负和积极的人生态度。然而，在历经神宗朝的大变法之后，王安石于政坛之事，颇有顾忌，晚年罢相隐居江宁后，其诗歌风格也较前期为大变，逐渐开始注意凝练语句、增加艺术品味，整体的风格开始澹泊下来，如他的《泊船瓜洲》曰：“京口瓜洲一水间，钟山只隔数重山。春风又绿江南岸，明月何时照我还。”这中间的政治热情，已然消退了，谈“道”之风，也不再见到。王安石的一代才华，就此改了方向，流向单纯艺术的创作了。

“唐宋八大家”于遥领风骚之中，别有一番滋味，他们都以其出众的才华，造就了文化史上的一段卓绝千古的才子佳话，开启了文化史的一个崭新的走向。

12世纪前后的幽暗意识——苏轼的悲欢离合

北宋文臣士人，于国家、社会和人生等诸多问题，开始诞生出一种忧愁意识，这种忧愁，随着时间的推移和王朝的巩固，进至12世纪前后的时候，开始愈发显得沉重，呈现出了一种“幽暗意识”。这种意识，主要体现在知识分子阶层中间，他们对家国社会的无尽关心往往和政治仕途上的坎坷历程相始终，他们对人生的态度在大多时候是忧郁感伤的，他们的主要问题是陷入了一种两难境地——“文”与“道”的无尽纠缠。在这方面，苏轼的经历或许可以说明这一“幽暗”的风风雨雨。

苏轼生于宋仁宗景祐三年（1037），嘉祐二年得中进士，累官至端明殿学士兼翰林侍读学士、礼部尚书和中书舍人等职，一生历宋仁宗、英宗、神宗、哲宗、徽宗五朝帝王。虽然他是北宋卓绝千古的文学大家，但是他在政治上却是另走一路，他的主要的政治转折点是在宋神宗大变法时期。苏轼本着自己的理念，既反对王安石激进的改革措施，也不同意后来司马光尽数废除新法，这种政治上的两难境地，使他于新旧两党均受排斥，故而仕途坎坷多变。以著名的“乌台诗案”为标志，苏轼的仕途算是坎坷到了极点，而他的幽暗意识，也算是到了一个新的高度。但是即便如此，苏轼仍然不改初衷，结果被一贬再贬，后来在北返回京途中于常州逝世，时在公元1101年，乃宋徽宗登基大赦天下之时，若无帝王换代之事，谅苏轼仍旧不得还京，仍旧得立身外放境地“对影成三人”。

苏轼一生，最可影响他的，就是上面所提到的“乌台诗案”，而整个“乌台诗案”的经过和影响，也真正可以流露出北宋士大夫的心境来。

宋神宗元丰二年（1079），苏轼从徐州任上又出任湖州知州，他在同年四月到达湖州任后，按照宋朝朝制向宋神宗呈表以谢恩，并禀报已遵诏到任。然而，这份看来很普通的呈谢表，却在宋神宗变法的年份里一石激起了千层浪，最终为御史台引申出意义来，引发了北宋历史上最为著名的一段“文字狱”——“乌台诗案”。苏轼在这份《湖州谢上表》中说：

“臣轼言：蒙恩就移前件差遣，已于今月二十日到任上讫者。风俗阜安，在东南号为无事；山水清远，本朝廷所以优贤。顾惟何人，亦与兹选。臣轼中谢。伏念臣性资顽鄙，名迹埋微。议论阔疏，文学浅陋。凡人必有一得，而臣独无寸长。荷先帝之误恩，擢寘三馆；蒙陛下之过听，付以两州。非不欲痛自激昂，少酬恩造。而才分所局，有过无功；法令具存，虽勤何补。罪固多矣，臣犹如之。夫何越次之名邦，更许借资而显授。顾惟无状，岂不知恩。此盖伏遇皇帝陛下天覆群生，海涵万族。用人不求其备，嘉善不矜不能。知其愚不适时，难以追陪新进；察其老不生事，或能牧养小民。而臣顷在钱塘，乐其风土。鱼鸟之性，既自得于江湖；吴越之人，亦安臣之教令。敢不奉法勤职，息讼平刑。上以广朝廷之仁，下以慰父老之望。”

从中不难看出，苏轼于谢恩之中，颇带了一些怨气，而于谢恩之时，也的确难免。然而，由于苏轼起初贬官外放就是因为对大变法持不左不右、不新不旧的态度，所以现在起用之时的言辞，稍微有些许不满，即可令对他不满的人随事生发。结果，一些对苏轼不满的人开始群起而攻讦他，并从他的诗文中寻找出反对施行新政的言辞，来作为其反上的证据，必置其于死地。

不久，监察御史何正臣、舒亶以及御史中丞李定等三人，依托其所处的御史台的监察职能，分别上书宋神宗以“揭发”苏轼的胆大妄为、轻侮皇上以及诋毁新法等等罪状，批评苏轼“轼信终不悔，狂悖之语日闻”“讪上骂下，法所不宥”，其人罪不可赦。另一方面，此时的宋神宗经历了熙宁时候的变法风雨，心境发生了很大的变化，此时正是大变法进行得十分艰难的时期，本来王安石早于熙宁九年（1076）辞官归隐江宁了，整个大变法的重担都落在了宋神宗一个人的肩上，满朝文武可用变法之人，已然凋零。所以，宋神宗改元“元丰”，希求能得到一个好的成效，他在变法的施行上，也逐渐地开始运用莫大的皇权权力来推动，开始走向皇权的独断。正值此时，却有三名御史接连上告苏轼的不轨之图，宋神宗当然如临大敌，变法到这个时候，他最不愿意听到的就是反对的声音。宋神宗命令御史台前往湖州。押解苏轼进京问罪。同年七月，苏轼就被逮捕，八月押解御史台牢狱之中，开始了漫长的受审过程。

当时因为都称御史台为“乌台”，而苏轼下狱又是因为曾经写的冒犯新法的诗句，所以，此案被称为“乌台诗案”。

苏轼被押解入京时，本有长子苏迈随同照顾，苏轼酷爱吃鱼，因此，他和苏迈有一个有趣的约定，即每天送饭时，如果事态安静，那么就送肉与菜来，如果有什么不好的预兆，就送鱼来，以作最后之餐。谁想，苏迈有一天外出办事，将送饭的事委托给了一个朋友，结果这个朋友出于好意，专门做了鱼给苏轼送去，以补充一下营养。苏轼接到鱼后，认为自己即将遭到不测，一时心灰意冷，急急写了两首绝命诗给自己的弟弟苏辙送去，以作诀别。此二首诗云：

其一

圣主如天万物春，小臣愚暗自忘身。
百年未满先偿债，十口无归更累人。

是处青山可埋骨，他年夜雨独伤神。
与君世世为兄弟，更结来生未了因。

其二

柏台霜气夜凄凄，风动琅珰月向低。
梦绕云山心似鹿，魂飞汤火命如鸡。
眼中犀角真吾子，身后牛衣愧老妻。
百岁神游定何处，桐乡知葬浙江西。

他写的这两首绝命诗，情真意切，令人感伤无限。苏辙在接到苏轼的这两首诗后，当即上书宋神宗，要求辞官以赎苏轼性命，宋神宗大为惊讶，但是在读了苏轼的诗后，也不禁心动。本来，宋神宗就没有打算真的杀掉苏轼，这样一来，更加动了恻隐之心。当时，满朝文武大员中，对因为诗文而获罪的苏轼案也颇为不平，认为宋朝开国百年来，从未有此等“文字狱”的出现，结果许多大臣先后上书恳求赦免苏轼，但是都遭到了贬斥，累及多人，“乌台诗案”扩大了范围，也更加增添了其影响。最后，由于包括宰相吴充和远在江宁的王安石等人在内的朝野的反对声音实在太过强烈，宋神宗便做了让步，最终赦免了苏轼，把他贬为湖北黄州团练副使。一场长达四个月之久的几乎要到腥风血雨地步的“文字狱”，就此算是平息了下来，然而，这场灾难，却给宋朝文臣士人的心里投下了一方阴影，毕竟宋初以来的不轻易言谈罪臣死的家法传统开始改变了。

此后，苏轼就蛰居黄州，虽然处境仍旧十分不利，生活也很艰苦，他却带领全家人开垦荒地、自力更生，也就是在这个时候，他给自己取号为“东坡居士”。虽然“乌台诗案”的阴影仍旧笼罩在他周围，使他的处境不是很好，但是，他本人则一如既往地豁达乐观。宋神宗元丰五年（1082），苏轼在黄州作了一首词，名为《定风波》，词的初起之处的小款题曰：“三月三日沙湖道中遇雨，雨具先去，同行皆狼狈，余不觉。已而遂晴，故作此。”全词为：

莫听穿林打叶声，何妨吟啸且徐行。竹杖芒鞋轻胜马，谁怕？一蓑烟雨任平生。

料峭春风吹酒醒，微冷，山头斜照却相迎。回首向来萧瑟处，归去，也无风雨也无晴。

这首词充分体现了苏轼豁达人生的一面，无形之中也流露出他历经坎坷之后的心境。词的上阕中的“一蓑烟雨任平生”一句，可谓十分凝练，它将主人公一生的坎坷磨难以及豁达立世的生活态度尽数囊括；词下阕中的“也无风雨也无晴”一句，又是全词的画龙点睛之笔，它十分形象地烘托出了主人公的“不以物喜，不以已悲”的超然洒脱的人生观，从中我们也不难看出，当时的苏轼，历经了政治的磨难，其心境已相当成熟，于大涛大浪的“风雨”之中已经能够泰然自若。这句话乃是这一首词的思想意义的深刻性的所在，是本词的精华。同时，我们从这首词中，也可以体会到一种对现实无可奈何的淡淡的忧伤，是一种无法言表的复杂感情，尤其当考虑到苏轼的宦海生涯时，就愈发显得重要。因为这首词是他在“乌台诗案”被贬到黄州两年后所作，心境已经和以前有所不同，林语堂曾经在他的《苏东坡传》中就此写道：“讽刺的苛酷，笔锋的尖锐，以及紧张与愤怒，全已消失，代之而出现的，

苏轼在海南绘影

则是一种光辉温暖、亲切宽和的诙谐，醇甜而成熟，透彻而深入。”也就是说，此时的苏轼，整个的精神为之一变，不怎么大谈“道”的问题，也很少纠缠于说不清的世事中去，于风雨过后，尽数体现了一个文人所具有的旷达情怀。

苏轼从元丰三年（1080）到任，在湖北黄州做他的团练副使一直到宋神宗元丰七年（1084），才得以离开黄州，奉诏赴河南汝州就任。但是，由于从湖北黄州到河南汝州的路途并不像今日如此舒坦，而且苏轼的幼子也于此次跋涉中早夭，因此，苏轼最终又上书请求迁居常州。宋神宗同意了他到常州的要求，但是很快，宋神宗就驾崩了。宋哲宗即位，司马光在高太后的懿旨之下奔赴东京，主持王安石变法之善后事宜，由于苏轼曾经和司马光一道反对过新法的施行，所以司马光很自然地就召他回京来。苏轼不远千里，重新回到了阔别已久的东京城。在司马光的提拔下，他很快荣膺礼部尚书，但是，此时的苏轼却并非完全赞同司马光废除新法的主张，为了防止龃龉丛生，他只好再度要求外调他职。这样，苏轼便得以以“龙图阁学士”的身份，重新回到了阔别十六年的杭州做太守。这一段入朝又离朝的故事，仅仅发生在一年之内，然而，它却表明了此时的苏轼经过在湖北黄州的亲身经历，开始从实际层面上来考虑新法的意义了，所以他也不再像以前那样激烈地主张废除王安石的变法了，由此我们可以明显地看到，苏轼的心境此时已然开始有了很大的变化，他于政治的态度和阅历上，开始走向成熟了。但是，苏轼的命运似乎没有这么简单，在杭州任职没有多长时间，他又被召回京，不久又遭贬谪外放，直至宋徽宗元年大赦天下之时，方得重新起程回京，孰料又天不佑人，在回京途中病逝于常州，一个几遭贬谪的才子，就此陨落于星汉之间。他的命运起伏似乎体现着一种士人的无奈，在左冲右突之中，还是找不到自己的确切位置，意识中间体现出来的，尽是淡淡的忧愁，即使是词中所表现出来的豪放大度，也似乎都是一种借物言心的表现。苏轼，仍旧在12世纪的舞台上演绎着那出知识分子的幽暗之剧。

困扰苏轼的最大问题，莫过于理想与现实这二者的冲突，这从他的许多诗词中可以得到很好的体现。苏轼尽管怀抱着“致君尧舜”的理想，但现实履历却难尽如人意，所谓“长恨此身非我的，何时忘却营营”“梧桐叶上三更雨，惊破梦魂无觅处”即可见此意；而“人生底事，来往如梭”，其飘泊沦落之感、世事浮生之意也油然而生；更为悲伤者，乃及于“生人到处萍飘泊”“天涯同是伤沦落”。苏轼的理想和现实之间，发生了极其严重的冲突，他的努力也往往和实际效果相反，结果，导致他经常不容于当时的朝野中枢，以其一己之力来做心中的大业，但是风平浪静之后，此种心境真的是变幻莫测，慢慢地也就发生了转变。所以，苏轼自“乌台诗案”贬谪黄州以后，开始逐渐出入佛老、参禅悟道，将他的儒家风范逐渐磨合到一种淡淡的境地，由此又显现出苏轼的另一种矛盾即入仕与隐退的矛盾。苏轼由于理想与现实经常发生矛盾，进而直接关系到自己对仕途坎坷之路的看法，也就不断地徘徊在入仕与隐退之间。苏轼早岁即高中进士，历官宦海，上下起伏之事，已经所在多有，尤其当他的锐进的改革意气遭受到冷酷的政治挫折的时候，其面临的最大矛盾就更是直接成为是否隐退的问题，而就此隐退，未做一番轰轰烈烈的事业，对苏轼火热的心而言，又未免有些失落。他唱道："搔首赋归欤，自觉功名懒更疏。"后来历经"乌台诗案"的波诡云谲之后，他的这种心境更为彰显："三十三年，飘流江海，万里烟浪云帆。"另一方面，他的心仍然未冷，又唱道"老去君恩未报，空回首，弹铗悲歌""何日功成名遂了，还乡"等等，无不流露出心中的一片矛盾之情来。

苏轼的思想，总体而言，可谓是出入儒道又兼杂佛老。他能于儒家之中采摘入世之道，能在历练之中随进随长，同时，又能从佛老之中取得安然适意，所以他才能够做到经事济世、豁达乐观。他的这种杂间的思想和随缘安适的生活态度，也能够反映在他的作品中。苏轼在政治道路上是坎坷不平的，由于他虽然主张改革但不赞成王安石变法，虽然对新法有成见却又不支持司马光的大废除，所以他就既与变法派有矛盾，又同反对派有隔阂。由于身受欧阳修的熏陶，所以于古文运动以来的儒家理念颇为推崇，因此，在“文”“道”两方面上，苏轼纠缠于其中，却始终有着自己的操守名节。也恰恰因为这样，他才既不见容于熙宁、元丰，又不见容于元祐诸朝。因此之故，苏轼在坎坷的政治经历中，在自己的理念渐趋成熟中，慢慢实现了从“现实人生”到“艺术人生”的转化，从而，他抛弃了以前的年少气盛的“火气”，开始走向平和稳重。其诗词艺术的造极顶峰，恰恰可以说明他人生的大转变，而正是因为有了人生的坎坷的阅历，才使他的词赋有如此的魄力，呈现出“吞五湖三江”的气象，正所谓“艰难困苦，玉汝于成”是也。

苏轼的悲欢离合，纵然自己的性格在其中起了莫大的作用，然而，他的主要的悲郁，尚是整个12世纪前后的北宋文人士子们的缩影。北宋到了12世纪，立国百有余年，然而其问题弊端也愈来愈多，这个时候，继承古文运动以来的以儒家“道统”观念立身的诸生士人，都在寻求机会施展自己的一番抱负，苏轼即是这样的一员。然而现实的政治斗争又是出乎他们的意料的，所以，在理想与现实之间，呈现出了极大的矛盾冲突，这对于这批知识分子，影响是十分沉重的，他们中的许多人，就此将心思转向韬光养晦之术，开始以一种忧郁的态度观看世事。

三、千古风流是宋词

恰逢其时的文体革新——词的大兴

宋朝在中国文化史上，在词的创造方面走到了极致。“唐诗”与“宋词”，向来并称中国文苑“双璧”“双绝”，都是代表一代文学之胜的。宋词上承唐诗之余韵，又远溯中国古代的《诗经》《楚辞》等优良传统，兼及吸收汉魏乐府诗歌和六朝诗歌的优点，自成一家，攀上了亘古高峰，不仅为一代盛事，且为后来元、明、清三代的戏剧小说等提供了良好的基础。宋词的艺术成就，是远迈千古的，其优秀不绝于口，直到今天，依然无处不在地陶冶着人们的情操、充实着人们的精神世界，给人们提供了颇高的中国本土的传统艺术的绝好享受。

词在初起时，主要流行于民间，可谓是市井曲调，在后人发现的敦煌曲子词中，就大多是从盛唐到晚唐流行于民间的歌曲。初唐的文学人士并不太热衷于这类初现雏形的词曲形式，所以，词的源流若从唐朝来讲，一直到了中唐时期往后，像诗人韦应物、张志和、白居易、刘禹锡等人才开始填词，从而慢慢地将这一文体从下层民间艺术引入了文坛中来，也逐渐开始了程式化进程。

五代十国时期是一个变乱频仍的时期，人民流离失所，其文化方面的成就比之晚唐又有所不及，但是文学上词作的发展在这一时代开始崛起.。五代时的后蜀倚势山川险固，生活相对安定，一批文人于是在弦歌宴饮中创作了大量的怜花惜玉之词，这便是后人所称的花间词。于是在词的发展史上出现了至为重要的一个派别——“花间派”。花间派词人以晚唐温庭筠以及南唐李煜、冯延巳等人为代表，将性情尽数抒发进词中去，写得轻柔婉转、凄楚动人，又不失艳色丽容，其中尤其以南唐后主李煜为最，如他的《虞美人》：

春花秋月何时了，往事知多少。小楼昨夜又东风，故国不堪回首月明中。

雕栏玉砌应犹在，只是朱颜改。问君能有几多愁，恰似一江春水向东流。

李煜的词，一向堪称花间派的代表，但是其后期的一些作品却在无形中慢慢开始拓宽了眼界和视线，一代后主，毕竟是词气乾坤，近人王国维曾经在他著名的《人间词话》一书中就此评论道："词至李后主而眼界始大，感慨遂深。"这在一定程度上为日后苏轼豪放派的崛起埋下了伏笔。至于李煜词中的语句之清秀、音韵之和谐，皆可堪称空前绝后。花间派的崛起，是宋词由先前的潜流升入文坛堂奥的重要一环。

词经晚唐五代以来许多文人的努力，虽然在题材和语言风格上大体上形成了一定的格局，但是于总体上还是有待进一步的成熟。所以，宋朝文人开始在词上大做文章，逐渐将其延伸到极致。

北宋初的词作者大都是诗人，如王禹偁、潘阆、寇准、钱惟演、林逋等都写有词作。也许他们的精力主要是放在诗歌上，所以留下的词作数量较少。而词的风格，往往和各人的诗歌风格有些近似，如钱惟演的词，也像西昆体诗一样辞采华丽、注重于外表的雕饰，如《玉楼春》以"锦箨参差朱槛曲，露濯文犀和粉绿。未容浓翠伴桃红，已许纤枝留凤宿"写新竹，真是金碧辉煌，却实在毫无意趣。而寇准的《踏莎行》：

春色将阑，莺声渐老，红英落尽青梅小。画堂人静雨濛濛，屏山半掩余香袅。

密约沉沉，离情杳杳，菱花尘满慵将照。倚楼无语欲销魂，长空黯淡连芳草。

结构很精致，视线从春天的远景拉回到画堂的中景，再拉到妆台的近景，然后又从倚楼人的极目长眺拓开去，构成一个回环往复的变化，写出女子相思中的惆怅苦闷。

在这批作者中，王禹偁可以说是胸襟比较开阔的一个，他的《点绛唇》虽说篇幅小，境界却颇为远大，是北宋初期词中的佳作：

雨恨云愁，江南依旧称佳丽。水村渔市，一缕孤烟细。

天际征鸿，遥认行如缀。平生事，此时凝睇，谁会凭栏意！

这一时期，宋词的创作尚未进入兴盛阶段。但有一点仍可以注意到，即晚唐五代词中那种对男女之情的热烈大胆，有时很直露的表现，在北宋初期词中已经看不到了，这终究还是反映了时代文化的变迁。

由于骈文讲求辞章华丽而在内容方面空洞无物，慢慢就拘泥于贫乏，到唐代韩愈首先起来反对骈文，发起“古文运动”，同时借助“古文运动”来复兴传统的儒家“道统”。韩愈的精神在宋代得到了欧阳修等人的继承，欧阳修主张进行诗文革新，他的目标便是自宋初以来形成的“西昆体”。于是，宋朝开始了一种在文体上讲求创新的风气，由诗而词，渐渐开始了变化革新。词便是在这种环境中得到发展的。

词作为一种新的文体在宋朝的大兴，归根结底是一种时代文化变迁的结果。宋代开始走向国家的统一，兵事渐少，生活渐安，因此文人们所关心的意境，也不再是像李煜那样的愁苦无度，倒变成了一种开阔心境的表露了。所以词的兴盛和意境的开拓延展，恰逢其时地给绮丽浮华的文坛气象一个新的风气。

柳永与慢词

柳永（987？～1055？），字耆卿，初号三变，因排行七，又称柳七。祖籍河东，后移居崇安。柳永兄弟三人，柳三复、柳三接与柳三变，三人在当时都有知名度，号“柳氏三绝”。柳永是宋仁宗朝进士，官至屯田员外郎，故世称柳屯田。由于仕途坎坷、生活潦倒，他由追求功名转而厌倦官场，沉溺于旖旎繁华的都市生活，在“倚红偎翠”“浅斟低唱”中寻找寄托。他戏称自己是“奉旨填词柳三变”，并以“白衣卿相”自许，以毕生精力作词。作为北宋第一个专力作词的词人，他不仅发展了词的俚俗性特征，使之符合市民阶层的审美口味，开创了“俚俗词派”，而且还创作了大量的慢词，发展了铺叙手法，促进了词的通俗化、口语化，在词史上产生了较大的影响。著有《乐章集》。

柳永主要活跃于宋仁宗时期，仁宗即位后柳永曾来汴京应试，待试期间，多与下层歌妓乐工交往，叶梦得《避暑录话》卷下说柳永“为举子时，多游狭邪，善为歌词。教坊乐工，每得新腔，必求永为辞，始行于世，于是声传一时”。据说这种生活却为他进入仕途带来了不良影响，甚至因此遭受挫折。胡仔《苕溪渔隐丛话》卷二引《艺苑雌黄》说：“（柳永）喜作小词，然薄于操行。当时有荐其才者，上曰：‘得非填词柳三变乎？’曰：‘然’。上曰：‘且去填词。’由是不得志。日与儇子纵游娼馆酒楼间，无复检约，自称云：‘奉圣旨填词柳三变。’”柳永自己也在《鹤冲天》中说：“黄金榜上，偶失龙头望。”正是这“帝里风光好，当年少日，暮宴朝欢。况有狂朋怪侣，遇当歌、对酒竞留连”的快活日子让柳永得到下层百姓的赞许而失去了皇帝的垂爱。他的许许多多脍炙人口、传播广泛的俗艳词曲，既为他博得词坛声望，也为他换取了“薄于操行”的名声。张舜民《画墁录》卷一记载说：“柳三变既以词忤仁庙，吏部不放改官，三变不能堪，诣政府，晏公（晏殊）曰：‘贤俊作曲子么？’三变曰：‘只如相公亦作曲子。’公曰：‘殊虽作曲子，不曾道针线闲拈伴伊坐’。柳遂退。”

柳永创制的俗艳词曲，不仅仅遭到了皇帝的摈斥，也遭到了上层士大夫的鄙视，但是就是在这样的一片指责声中，柳永的词却开拓了新的视野。清宋翔凤在《乐府余论》中说："慢词盖起宋仁宗朝，中原息兵，汴京繁庶，歌台舞席，竞赌新声。耆卿失意无俚，流连坊曲，遂尽收俚俗语言编入词中，以便伎人传习，一时动听，散播四方。其后东坡、少游、山谷辈相继有作，慢词遂盛。"

慢词是宋词的主要体式之一，它与小令一起成为宋代词人最为常用的曲调样式。慢词的名称从"慢曲子"而来，指依慢曲所填写的调长拍缓的词。柳永的艳词在当时无疑是"新事物"，《苕溪渔隐丛话》卷一引《后山诗话》说："柳三变游东都南北二巷，作新乐府，骫骳从俗，天下咏之。"李清照在她的《词论》中说："逮至本朝，礼乐文武大备，又函养百余年，始有柳屯田永者，变旧声，作新声，出《乐章集》，大得声称于世。"

柳永的新词在形式上有新的创造，他不满足于熟悉词调的反复使用，总是在不断地尝试新的形式。即使同一词牌的使用，柳永在字数的多寡、句子的长短等方面也常常花样翻新，即所谓的"同调异体"，而且他与民间乐工、歌伎的密切交往及其对音乐的精通，使他的这种尝试屡屡获得成功。同时，他通过创制新调把流行在民间的"新声"通过歌词的创作使其推广，并且通过文字使它固定下来，词调由短变长，也是反映社会生活的需要。这种"新声"，婉转曲折，曼声多腔，富于变化，为描写景物、抒发感情增加了新的体式。柳永成功地创造并驾驭了这种字数较长的慢词，显示了慢词的强大的生命力，在中国文学史上产生了很大影响。

在慢词的创作上，柳永也大大发挥了词的抒情功能。他的词有的甚至突破了情景交融的传统手法，直接作内心的表白。他写了许多轻视功名和反映仕途失意后的牢骚和不满的作品。这样的词，一般均写得大胆而又泼辣。如《鹤冲天》：

黄金榜上，偶失龙头望。明代暂遗贤，如何向？未遂风云便，争不恣狂荡。何须论得丧？才子词人，自是白衣卿相。

烟花巷陌，依约丹青屏障。幸有意中人，堪寻访。且恁偎红倚翠，风流事，平生畅。青春都一饷，忍把浮名，换了浅斟低唱！

这首词以通俗浅近、明白晓畅的语言，直接抒发作者轻蔑名利、傲视公卿的思想感情。“明代暂遗贤”“未遂风云便”等句，包含了他的无限酸辛和对科举制度的讽刺，道出了那个时代许多失意知识分子的内心感受，并且尖锐地表明：作者宁肯在“浅斟低唱”之中虚掷“青春”也不要那身外的“浮名”。这在当时是何等的大胆。

柳永的词在艺术上也有了新的进展。慢词一般都是长调，它的旋律与节奏比小令增多并延长了。这就使慢词更适宜于描绘生活场面、抒写复杂的思想感情，从而为作者提供了发挥其文字才能的广阔天地。柳永的慢词善于向民间汲取营养、学习通俗的语言和铺叙手法，把慢词的层次结构组织得井井有条。同时他还善于把抒情、叙事、写景融成一体。郑振铎说：“‘花间’的好处，在于不尽，在于有余韵。耆卿的好处却在于尽，在于‘铺叙展衍，备足无余’。”柳永的那首著名的《雨霖铃》就充分体现了这一点：

> 寒蝉凄切。对长亭晚，骤雨初歇。都门帐饮无绪，留恋处、兰舟催发。执手相看泪眼，竟无语凝噎。念去去、千里烟波，暮霭沉沉楚天阔。
>
> 多情自古伤离别，更那堪、冷落清秋节。今宵酒醒何处？杨柳岸、晓风残月。此去经年，应是良辰好景虚设。便纵有千种风情，更与何人说？

这样的一个送别的场面，柳永在描写难以割舍的别情时，不是写离愁别恨的一个侧面，或只借少许景物来抒写自己的某种情怀，而是用由表及里、由浅入深、由近及远、层层推进、铺叙与点染的艺术手法，使全篇首尾连贯、组织细密、浑然天成，充分显示出作者驾驭长调及善于铺叙的艺术才能，这也是这首词能打动人心之处。

柳永的词还有一个特点就是能根据词调声情的要求和内容的需要，大胆吸收口语、俗语入词。如以妓女口吻写成的《定风波》：

自春来，惨绿愁红，芳心是事可可。日上花梢，莺穿柳带，犹压香衾卧。暖酥消，腻云亸，终日厌厌倦梳裹。无那，恨薄情一去，音书无个。

早知恁么，悔当初，不把雕鞍锁。向鸡窗，只与蛮笺象管，拘束教吟课。镇相随，莫抛躲，针线闲拈伴伊坐。和我，免使年少光阴虚过。

这种直率、大胆地对俚俗的引用使柳永招致了许多非议，因为这与词坛整体“趋雅”的审美倾向是完全相违背的。然而，正是这种“俚俗”“尘下”“鄙语”，才赋予柳永词以崭新的时代特征，才使得他的词在下层人民中间广泛流传，并且受到普遍的欢迎。正如宋翔凤《乐府余论》所说：“柳词曲折委婉，而中具浑沦之气。虽俚语，而高处足冠群流，倚声家当师而祝之。”

正是因为柳永大量填写慢词并取得很大成功，才有苏轼、秦观、黄庭坚等人的继起，使慢词达到鼎盛；正是在柳永的牵引下，宋词才走出宫廷，走进民间的陋巷，迎来新的生机。两宋词坛，从柳永以后开始进入了一个以慢词为主的新的历史阶段。

豪放与婉约

宋词在发展过程中，词风逐渐形成了婉约与豪放两支。这两支，逐渐发展演化成为宋词的两种主要艺术风格。所谓豪放，就是在词风上摆脱了五代花间派气息、摆脱了胭脂气，在思想内容方面能够不拘于传统的离愁别绪、能比较广阔地反映时代生活和社会情形，而且在词的形式上也不为规定的腔调、声律所束缚；所谓婉约，即相对于豪放另成一格，在词气上，显得比较婉曲含蓄，一如花间词风，以艳情为题材者较多，在词的形式上，也是比较严格地遵守音韵词律。婉约与豪放，成了宋词的两种形式之分，它们反映了在词作中显露出来的阳刚之美和阴柔之美。豪放词派，以苏轼、辛弃疾为代表，故而豪放派素来又称“苏辛”派。婉约派以秦观、李清照为代表。

豪放词派之所以能够在宋词中异军突起，得益于其先声夺人之处。豪放派其实是有渊源可寻的，早在《花间集》里就有过很豪放的词，比如皇甫松的《怨回纥》：

白首南朝女，愁听异域歌。收兵颉利国，饮马胡卢河。

毳布腥膻久，穹庐岁月多。雕窠城上宿，吹笛泪滂沱。

又如毛文锡的《甘州遍》一词，则更显有豪放之气：

秋风紧，平碛雁行低，阵云齐。萧萧飒飒，边声四起，愁闻戍角与征鼙。

青冢北，黑山西。沙飞聚散无定，往往路人迷。铁衣冷，战马血沾蹄。破蕃奚。凤凰诏下，步步蹑丹梯。

《花间集》虽然大多是花间词派的作品，胭脂粉气居多，仍旧带有相当浓厚的“艳科”气息，但是，像上面这些词，虽不曾尽脱花间词气，却已经很贴近豪放词作了。

到了宋初，南唐后主李煜的“金剑已沉埋，壮气蒿莱”等词句，已见些微豪气，又经过范仲淹、柳永等人做了一些开拓性的尝试工作，词风在豪放一脉，开始有所进展，但是当时还是未成气候，即便如此，已经是大有豪情在词中了。真正彰显出了宋词豪放派气概的，还是苏轼。苏轼对当时柔弱词风不以为然，有志要改变词风，而他也的的确确做到了这一点。

苏轼的词，突破了晚唐五代以来词为“艳科”的束缚，能够破除固有规格，在词中横发意气、壮怀千古、气贯长虹，他能够把山川大景、记游咏物、田园风光和感旧怀古等等都恰如其分地写入词中去，其豪放和浪漫结合得十分完美自然，有名的《水调歌头·明月几时有》和《念奴娇·赤壁怀古》都是其突出的代表作，也是流传千古的豪放佳作。且看他的词气：

水调歌头

明月几时有？把酒问青天，不知天上宫阙，今夕是何年？我欲乘风归去，又恐琼楼玉宇，高处不胜寒。起舞弄清影，何似在人间？

转朱阁，低绮户，照无眠。不应有恨，何事长向别时圆？人有悲欢离合，月有阴晴圆缺，此事古难全。但愿人长久，千里共婵娟。

念奴娇·赤壁怀古

大江东去，浪淘尽，千古风流人物。故垒西边，人道是，三国周郎赤壁。乱石穿空，惊涛拍岸，卷起千堆雪。江山如画，一时多少豪杰。

遥想公瑾当年，小乔初嫁了。雄姿英发，羽扇纶巾，谈笑间，樯橹灰飞烟灭。故国神游，多情应笑我，早生华发。人生如梦，一樽还酹江月。

可见，苏轼的词风，已然大不同于以前的花间气息，开拓出了一片新的天地。

南宋抗金英雄岳飞（1103～1141，字鹏举，相州汤阴人）也作过令人荡气回肠的豪放词，比如他的《满江红》，历来为后人称道：

怒发冲冠，凭栏处、潇潇雨歇。抬望眼、仰天长啸，壮怀激烈。三十功名尘与土，八千里路云和月。莫等闲、白了少年头，空悲切。

靖康耻、犹未雪；臣子恨，何时灭。驾长车，踏破贺兰山缺。壮志饥餐胡虏肉，笑谈渴饮匈奴血。待从头、收拾旧山河，朝天阙。

岳飞的悲壮经历更加重了这首词的豪迈意境，为后世所景仰，其“三十功名尘与土，八千里路云和月”的豪迈感染了无数的文人士子，词风为很多人所模仿。豪放的风气一直相沿下来，直到南宋的辛弃疾（1140～1207，字幼安，号稼轩，山东历城人），豪放词风陡然又起一新的高峰，而且他的词中也融合进了民族感情，因此兼有一种很沉重的爱国情结，比如他的《破阵子》：

醉里挑灯看剑，梦回吹角连营，八百里分麾下炙，五十弦翻塞外声，沙场秋点兵。

马作的卢飞快，弓如霹雳弦惊。了却君王天下事，赢得生前身后名，可怜白发生。

从苏轼到辛弃疾，豪迈词风蔚为大观，从此，“苏辛”派在词坛上稳占一席，且以其深沉的感情和浓郁的爱国情结打动人心，成为时代的一个表征。

尽管豪放派在日益崛起和发展，但是在词坛的大部分作家那里，依旧承袭了以前的词风，逐渐发展成了婉约派。

婉约词在词风方面，很像以前的花间词派，很讲求清新丽质，小巧玲珑；在艺术特色方面，非常富于音乐感，讲求声情并茂、婉约动人。其实，“婉约”之名已经很能够概括出这一类词的特色了。

李清照画像

和豪放派一样，婉约词派也是有其渊源的，而且，从词的大宗方面说，婉约派可以说是占主流地位的词派。从晚唐五代到宋，有温庭筠、冯延巳、晏殊、欧阳修、秦观、李清照等一系列词坛名家，他们的词风虽然有所差别，各有所长，但是，就词的整体意韵而言，大体上都可归入婉约派范畴。婉约词在内容上，主要写男女情爱、离情别绪等等；在形式上，则大多婉约柔弱、清新优美，且能很好地按照词句章法要求来作。宋朝沈义父作的《乐府指迷》，在列举作词的四个标准时写道："音律欲其协，不协则成长短之诗；下字欲其雅，不雅则近乎缠令之体；用字不可太露，露则直突而无深长之味；发意不可太高，高则狂怪而失柔婉之意。"这句话，可谓是作词的章法之言，但是其对词的要求，也未免过于工整，所以豪放派的词，向来不会如此循规蹈矩地去作，倒是婉约派，严格地按照这样的作法来填词了，所以这句话，就向来被视做对婉约派艺术手法的一个总结。

婉约派中的集大成者，乃属李清照。李清照（1084~1151？），号易安居士，山东济南人。李清照是文坛公认的宋词"婉约派"代表人和正宗的婉约派词人。她对苏轼的"以诗为词"导致的许多音律不和谐的问题加以批评，从总体上不太认可苏轼的豪放高论之词，认为苏轼的词尚不能成为词的正宗之代表，所以她提出了"词别是一家"的原则，要开启一个新的作法来。李清照的词，真正是婉约到了极至，比如她的《如梦令》：

昨夜雨疏风骤，浓睡不消残酒。试问卷帘人，却道海棠依旧。知否？知否？应是绿肥红瘦。

就整体而言，婉约派的词，都是倾向于较为传统的音律格式，在形式和内容上也大受前代“花间派”的影响，但是却也开拓出了一片词的新天地，使婉约派成了和豪放派相鼓而立的两个宋词阵营，大大促进了词的发展，也在中国文学史和文化史上留下了深深的印记。不过，虽然就词的风格来说，分成豪放和婉约两派大致不错，但其中也有很多的词属于一种“中间风格”，即不太豪放也不太婉约，而且，即使是豪放和婉约两大派的词人，也经常作些出乎自己词风的词来，比如苏轼、辛弃疾的婉约词以及李清照词中的豪爽气等等。豪放和婉约同属于词的作法，两种风格除存在区别的一面之外，更有互补的一面。如果能做到在词中，既峥嵘而生妩媚，又平易清浅而深致永味，则词之作，已经达到了上乘之品味。

总而言之，宋词中豪放和婉约这两种风格流派的存在以及各自的传承和发展，使宋代词坛呈现出了双峰并秀的气象，词为之大兴，一时蔚为大观。

四、唐诗阴影下的宋诗

从西昆体到江西派

北宋初期，诗坛上兴起了一种“西昆体”，一时独领文坛风骚。西昆体的出现，与宋初的历史环境和社会背景是紧密相连的。宋朝初年，社会在经历了五代的大乱之后，在宋朝的立国政策下，开始逐渐安定繁荣起来。由于宋廷优待文臣士人，一些能诗善赋的人开始受到朝廷的优礼，加上宋朝君臣又时常唱和，结果便蔚然成风。古来馆阁之臣互相唱和早已有之，宋初的馆阁文臣的唱和风气一如从前，但是到宋真宗朝时达于极盛，所谓的《西昆酬唱集》恰恰正是这种风气的产物。

宋真宗年间，自景德二年到大中祥符元年（1005～1008），宋朝廷馆阁大臣杨亿、刘筠、钱惟演等十八人，在宋朝廷的皇家馆阁秘阁之中，奉诏撰修大型类书《册府元龟》（当时还称《历代君臣事迹》，直到公元

1013年书成之时才诏题为《册府元龟》）的时候，接触了大量的书籍，他们在这个时候开始"挹其芳润"，并且在修书的余暇作诗吟唱，互为唱和，当时就有人记载道："咸平、景德中，钱惟演、刘筠首变诗格，而杨文公与之鼎立……大率效李义山之为，丰富藻丽，不作枯瘠语。"可见其派的取向何在了，这些馆臣诗人的唱和，最后共成诗二百五十首左右，于大中祥符元年（1008）结集出版。根据《山海经》和《穆天子传》中关于昆仑之西有群玉之山，是为帝王藏书之府的传说，将这本诗集题作《西昆酬唱集》，所以，后人便以"西昆体"称其派别。《西昆酬唱集》共收录了十七位诗人的二百四十七首诗，有的人并没有参加《册府元龟》类书的编纂，但是却也积极地参加进了唱和的行列中来，故而，《西昆酬唱集》的作者实际上是一个群体，一个诗人群体。

自《西昆酬唱集》刊行之后，"西昆体"风靡一时，占尽诗坛风光。欧阳修在《六一诗话》中曾经就此评说道："盖自杨、刘唱和，《西昆集》行，后进学者争效之，风雅一变，谓之昆体。由是唐贤诸诗集几废而不行。"可见当日西昆体初兴之时的风光景象。西昆体诗人中，成就较高的当数杨亿、刘筠和钱惟演三人。他们三人的作品，是西昆体的主力作品。西昆体从其诞生看，固然脱不了唱酬的习气，而唱酬诗却也正是西昆体的主要部分。杨亿在《西昆酬唱集序》中曾经谈到过他们写诗的动机，即“历览遗编，研味前作，挹其芳润，发于希慕。更迭唱和，互相切劘”。可见其动机重在“更迭唱和，互相切劘”，则其唱酬之风势必很盛，其题材范围也必然狭隘。西昆体在众多的诗题中，主要表达于三类题材：一是怀古咏史，二是咏物，三是比较美好的生活内容。

西昆体自诞生之时，就因为它的不切实际和一些“淫靡”之词而遭到批评，后来随着宋词、宋诗的进一步发展，更多的人把西昆体批评得遍体鳞伤，甚至被讥为一无是处。从总体上观之，西昆体诗就思想内容而言，的确是比较贫乏无力的，它们比较虚远，与时代、社会没有实际的、密切的关系，亦很少抒发诗人的真情实感，从内容上缺乏生活气息。但是，西昆体也有其可取之处，即其突出的艺术特征。西昆体诗的作者们模仿李商隐的作法，学习李诗中的典雅精丽、婉约细密和委婉深远的形式技巧，所以他们在诗作的韵律上，还是相当成功的。而且，由于西昆体诗主要是唱酬之作，大都采用了五言、七言的近体形式，所以在辞藻、声律、对仗等方面用力颇大。例如杨亿的《南朝》一诗：

五鼓端门漏滴稀，夜签声断翠华飞。
繁星晓埭闻鸡度，细雨春场射雉归。
步试金莲波溅袜，歌翻玉树涕沾衣。
龙盘王气终三百，犹得澄澜对敞扉。

这首诗在风格上的确比较贴近李商隐，也可见当时西昆体诗人的用力之所在。西昆体虽然不可能超越唐诗的宏大深远，没有能在唐诗之外开辟新的艺术境界，但是相对于五代时期平直浅陋的诗风而言，它依然取得了艺术上的较大进步。在宋初诗坛弥漫着“白体”和“晚唐体”的喜好白描、少引典故的诗风环境下，“西昆体”的出现无疑是新军一支，令人耳目一新。

西昆体日后渐渐变衰的主要原因，一是诗歌题材范围狭窄，很难突破唱酬范围；二是西昆体诗歌在艺术上立足于模仿，缺乏自主创新，不能带来新的方向，故而行之不远。从唐宋诗史的发展来说，这时的西昆体，其实正处于一种探索的阶段，它无法超越唐诗的风尚，但是却企图自立于宋朝诗坛。西昆派诗人的举动，对日后宋诗的进一步发展，无疑打下了一定的基础。

由于“西昆体”诗存在着明显的与时代脱节的矛盾，缺乏生活气息，所以，打破西昆体成为宋许多诗人的职志。江西诗派的兴起，就是对西昆体的一种大大的冲击。自江西派兴起，并迅速占据了宋诗坛地位，宋诗又显出另一番风景。

黄庭坚和陈师道，是开创江西诗派的两个领导人。黄庭坚（1045～1105），字鲁直，号山谷道人，江西修水人。曾经参政入仕，经历过北宋的新旧党争，因此对政治另有一番自己的看法。黄庭坚的诗歌，崇尚杜甫风范，尤其偏于模仿杜甫晚年诗歌中所表现出来的艺术技巧和学问功夫等。对于作诗，他极力主张要“虽取古人之陈言，入于翰墨，如灵丹一粒，点铁成金也”，可见其于古人，仅是限于汲取精华，并不主张大肆移植，还是要以自己创作的东西为主才是。故而，黄庭坚的诗歌，在学问功夫和艺术技巧方面往往能够独创出新，另成一路。此外，他还喜欢在佛老学说等杂书中引用典故，所以他的诗，有许多是比较险硬的，读来颇感不便，但是又令人把玩无穷，这就诞生了黄庭坚诗歌的生、新、瘦、硬的风格。

陈师道（1053～1102），字履常，一字无己，别号后山居士。其人一生，尤以苦吟求工而出名。陈师道的诗歌，既受黄庭坚诗歌的影响，又进而受到杜甫诗的艺术技巧的影响，所以他的诗往往和黄庭坚的有某种类似，却比黄的诗更为难懂，诗意晦涩、颇难解读。不过他也有些诗写得非常淡泊平易，如描写家庭亲情和日常生活的《别三子》《示三子》等等，明显是受到了杜甫的家事诗的影响。

所以，北宋时期江西诗派的两位开拓者在诗风上都崇尚杜甫，奉杜甫为江西派之祖，但是又都自杜甫诗风上自成一格，开启了江西诗派。江西诗派后期的代表作家是南、北宋之交的陈与义。陈与义（1090～1139），字去非，号简斋，洛阳人。他在宋室南渡前的诗歌，既学习黄庭坚、陈师道炼字寻句、追求新颖的功夫，又远习杜甫诗的语言明净的艺术技巧，结果其诗歌风格上清丽新巧，艺术成就超过了黄、陈二人。

黄庭坚、陈师道和陈与义的诗前后相承，演化成为一派。由于黄庭坚是江西人，所以，此派便称为“江西诗派”，而黄庭坚、陈师道、陈与义三人，自然而然地成为江西派的“三宗”。宋徽宗时期的吕本中，曾经作《江西诗社宗派图》，图中首列黄庭坚、陈师道和陈与义三人，三人以下还有二十多位源流出自黄庭坚的诗人。江西派的诗人能够从杜甫的诗歌艺术中提炼出精华来，汲取优点、补其不足，推陈出新，开创了宋诗的一个新的局面。

江西派的出现，赋予了宋诗以新的生命力，可以说江西派的出现，拯救了宋诗在唐诗阴影下的地位，开始赋予了它自己的生命，而不再是仅仅立足于西昆体的浮艳之象。江西诗派的影响在北宋后期已非常之大，即使未被包罗进江西诗派的诗人，在创作上尤其是在艺术风格上，也不同程度地受到了江西诗派的深刻影响。进入南宋以后，江西诗派的影响更是遍及整个诗坛，许多名诗人都是江西派的主力军，比如曾几、徐俯、汪藻、杨万里、周必大、姜夔、裘万顷等人。

冲破江西派的尝试

江西诗派自诞生以来，由于在西昆体诗之外另开一路，所以大受欢迎，其诗风在两宋之交风靡诗坛，然而，江西派也有其自身的缺陷，尤其是在生、硬、险、冷等诗风方面，愈往后愈加不可收拾，弊端也就愈发的严重。在南宋初年，虽然有人曾经试图改变江西派的诗风缺陷，但结果不如人意。直到宋孝宗年间，一些曾经深受江西诗派影响的诗人，经过自己的努力，才从根本上摆脱了江西派诗风的束缚，以自己的创作，开启了宋诗的另一番天地，而打开这片天地的，就是杨万里，杨万里的创举正是他的“诚斋体”诗歌。

杨万里（1127～1206），字廷秀，号诚斋，江西吉水人，宋绍兴二十四年（1154）高中进士，自此入仕，历官太常博士、宝谟阁直学士等职，后因与韩侂胄政见不合，遂隐居而终。

杨万里在诗歌创作上，先是模仿黄庭坚的江西派，后来发觉江西派的许多问题难以解决，弊端很大，他曾经在他的《荆溪集序》中谈到对前辈诗派的看法以及自己的感受时说：“忽若有悟，于是辞谢唐人及王（安石）、陈（师道）、江西诸君子，皆不敢学，而后欣如也……予口占数首，则浏浏焉无复前日之轧轧矣。”从此，他的诗风转变，逐渐重视日常生活，将日常生活的气息灌注到诗歌的创作中来，在诗风上，慢慢自创出新体。一般说来，自南宋淳熙五年（1178）以后，杨万里诗歌的风格已经基本上形成了，其对于诗歌创作的独特观点也臻于成熟。据说他此时已经可以达到一种所谓“步后园，登古城，采撷杞菊，攀翻花竹，万象毕来，献予诗材”的近乎陶渊明一样的写诗境界了，可见其诗歌功力大增，而且于观察自然之处尤为独到，他这种十分贴近自然的气息，无疑是对强调从前人那里采摘古典的诗论的一种突破。

杨万里之所以能够开一种新风气，也是与两宋时期有关的。宋诗发展到了两宋之交的时期，黄庭坚以其独有的风格与技巧开创的江西诗风，却由于后人缺乏创造力而使江西派成为一种刻意的延续，造成了诗界的僵局。杨万里正是在这种对江西派的不满氛围中，开始把宋朝理学家极为推崇的“活法”运用到诗歌的创作中来，做到能够自出机杼，用活泼的眼光观察世界万物，用活泼的语言表现复杂的人生感受，并且恰当地将二者结合起来。所以，杨万里的“诚斋体”才能够冲破江西派诗风的包围，使宋朝诗歌又得到一次大的转变。

在这种观念下，“诚斋体”在重视自然和日常生活中的景象外，还十分注意在诗中表达出洒脱的胸襟和哲理的思辨，这样作出来的诗歌能将自然风光与生活气息和诗人的理性完美地结合到一起，赋予诗歌以充分的生机，例如《过杨二渡》：

春迹无痕可得寻，不将诗眼看春心。
莺边杨柳鸥边草，一日青来一日深。

这样的诗歌，十分形象地表现出了“诚斋体”在创作方式上的特点：一是善于捕捉自然和生活气息，将这些东西恰如其分地入诗成意，自然流畅、风趣活泼；二是比较注意把理性的东西结合进诗歌中去，时刻不忘以诗达理，能够做到主客观的兼容并包、结合完美。这无疑是诚斋体的特色，但是，如果和江西派诗歌相比，在诗风上，诚斋体无疑缺乏江西派的大度之气，在内容上，诚斋体也失之细琐。

在冲破江西派风格的努力上，范成大也是其中的一位健将。

范成大（1126～1193），字致能，号石湖居士，江苏吴郡人。和杨万里一样，范成大早期的创作生涯中也曾经深受江西诗派的影响，但是，范成大在学习江西诗风的同时，又能够广泛地涉猎和汲取中晚唐诗歌的风格技巧，所以他并没有被江西派诗风所束缚住，而是通过自己的广泛实践，形成了自己的诗歌特点，突破了江西派诗风。范成大的许多近体诗，在婉约清丽中还透着些许险峻之气，这就形成了他自己的诗歌特色，比如他的《二月三日登楼有怀金陵宣城诸友》：

百尺西楼十二栏，日迟花影对人闲。
春风已入片时梦，寒食从今数日间。
折柳故情多望断，落梅新曲与愁关。

诗成欲访江南便，千里烟波万叠山。

范成大的诗歌，除了上面所说的这种特点之外，还在揭露社会问题方面深刻独到，成就超过了诚斋体。人们在谈到范成大的诗歌时，很多都关注到他的如《夜坐有感》《雪中闻墙外鬻鱼菜者求售之声甚苦有感三绝》等表现当时社会问题的篇章，这表明他的诗歌中，这一方面的成就是颇大的。与杨万里所创的诚斋体相比，范成大的诗并不显得洒脱自由，而是更加工于字句的寻觅，少风趣，多含蓄。但是，范成大的诗歌，却能够达到一种“清新妩丽，奄有鲍谢；奔逸隽伟，穷追太白”的境界，自己的特点是相当明显的，它也是以此而冲破了江西诗派的阴影的。

不过，从整体而言，范成大的诗歌，并未能像杨万里的诚斋体那样迥异于先前的江西派而自成一大家，在诗作中间，往往还是能寻找到江西派的很多影子，所以范诗的影响，实在是没有杨万里的诚斋体大，所以范成大并未在诗史上留下“石湖体”，历史只是记载了“诚斋体”来作为“江西派”的另一鼎足者。

无尽的悲怆——陆游与文天祥

“靖康之变”后宋室南渡，依恃长江天险而屈辱偷生。国家民族的危亡，成为南宋文人士子们心头上的一大创伤，而奋起拯救之，又成为他们的一大急务与责任。这一特殊的历史境遇，也造就了一批以此为创作根源的诗人，他们的诗作以国家危难为背景，寄托了心中无尽的忧伤和高亢的一刻也未曾灭掉的爱国热情。在这一方面，他们的作品胜出了盛世大唐的诸多诗作，塑造了南宋一朝诗歌的一大特点，这其中，以陆游和文天祥二人的作品为代表。

陆游（1125～1210），字务观，后自号放翁，浙江山阴（今浙江绍兴）人，著有《剑南诗稿》八十五卷，收其诗九千余首，《渭南文集》五十卷。陆游小时候就生活在“靖康之变”对南宋所造成的巨大影响之中，宋金对峙的紧张局面使他从小就受到了爱国思想的熏染，这为他以后的诗歌创作定下了一个基调。陆游一生坎坷，阅历丰富，仕途上并不得志。面对民族的危难，他把主要精力放在了关注国家命运、坚持北伐中原、抗击金军以收复北方，亲身参与谋划恢复故国的大计中去，甚至直接参与了右丞相兼枢密使张浚的北伐，而且还以手中的如椽大笔将自己的一腔爱国热血抒发得淋漓尽致，造就了宋代诗坛的一大高峰。

陆游的诗歌，主要包含两个方面：一是为国报效，收复故土，感情昂扬激愤；一是山水风情，感情细腻入微。而为国报效以表雄心的诗，在陆游诗歌里占了很大比重，它们是诗人自身民族感情的凝结，同时，也是他光复中原故土的美好理想的寄托，表达了自己渴望从戎救国，一展抱负的心情。例如《书愤》一诗：

早岁哪知世事艰，中原北望气如山。
楼船夜雪瓜洲渡，铁马秋风大散关。
塞上长城空自许，镜中衰鬓已先斑。
出师一表真名世，千载谁堪伯仲间。

诗中不难窥见作者那昂扬的斗志和为国死难的雄心。家国的危难忧伤，感情的强烈激荡，使得陆游的心境每每处于一种澎湃不能自已的状态中间，乃至于夜不能寐，他曾在《十一月四日风雨大作》中字字带情地写道：

僵卧孤村不自哀，尚思为国戍轮台。
夜阑卧听风吹雨，铁马冰河入梦来。

作者那忧愁愤懑的感情通过这短短的一首诗歌而跃然纸上，生平多少戎马倥偬之梦，如今都化为一场空幻。他那为国效力、收复中原故土的梦想，一刻也没有丢弃过，但是南宋王室对于北伐的不甚积极，使得陆游的愿望每每落空。这使反对苟安的他十分愤慨，他的《秋夜将晓出篱门迎凉有感》诗二首，就表达了这一心情：

迢迢天汉西南落，喔喔邻鸡一再鸣。
壮志病来消欲尽，出门搔首怆平生。
三万里河东入海，五千仞岳上摩天。
遗民泪尽胡尘里，南望王师又一年。

“王师”的动向实在牵动着诗人的心弦，但是，却令诗人终生抱憾。陆游光复中原的梦想终其一生也没有实现，南宋嘉定二年（1209），陆游在病中赍志而殁，享年八十五岁。在临终前，他留下了一首千古绝唱——《示儿》：

死去元知万事空，但悲不见九州同。
王师北定中原日，家祭无忘告乃翁。

这首《示儿》，可谓是字字血泪，留给后人的是无尽的忧伤和感叹，那跃动在字里行间的是一颗真挚的赤子之心，而流露在字外的正是古今同慨的万古惆怅。

在陆游的这些作品中，始终贯穿着一种朴素的民族意识，因此都显得非常沉重，但是这并不能囊括陆游诗歌风格的全部，他也有一些风格清新秀丽的诗歌，这是他作品的另一风格倾向，感情细腻入微，语言纯朴自然，比如他的《游山西村》：

莫笑农家腊酒浑，丰年留客足鸡豚。
山重水复疑无路，柳暗花明又一村。
箫鼓追随春社近，衣冠简朴古风存。
从今若许闲乘月，柱杖无时夜叩门。

如此细腻清新的诗作，远离俗世刀剑战火的尘嚣，显得淡雅恬适，构成了陆游的作品中的另一类旋律，但是从总体而言，它们终究掩饰不了陆游那更为躁动的一面。这些闲适的作品，恰如火热情感上的一丝烟雨，虽然能够使他的心情得以一丝安顿，却终究不能冲淡他悲壮的心境。

陆游的诗歌创作，在风格上并非像苏轼的词作那样豪迈不羁，而总是遵循一定章法。他的诗在总体上受到了江西诗派风格的影响，后来又兼习多家风格，开拓自己诗作的意境。陆游有着自己的一套诗歌创作理念，他比较重视内在的修养和外在的实践，正如他在《示子遹》中所说的那样："汝果欲学诗，工夫在诗外。"提倡诗人要有内在的涵养，要有真实生活的阅历和丰富的人生经验，而不是空凭词句上的矫揉造作和吟哦修饰，此即"工夫在诗外"。此外，陆游也不赞成学习古人而终成邯郸学步，所谓"文章最忌百家衣"即是指此而言，汲取前人的优秀成果，绝不能自陷泥潭不能拔出。在这样的创作理念的影响下，陆游的诗歌就显得灵活多样而又不放任自流。

总之，陆游的诗歌在风格上的一大特点就是他的诗凝聚了作者强烈的民族感情，小小的诗歌到了陆游这里骤然变得意境悲壮，寄托着诗人愿意以身报国的豪情壮志和希望收复故土的美好理想，这为有宋一代陷在辉煌的唐诗阴影中间的诗坛写下了饱蘸感情的浓浓一笔。

陆游的诗反映了诗人对于国家民族美好前途的无尽寄托，而历史的车轮并不因为它们而改变方向，南宋在遭受着来自北方政权的更为剧烈的冲击，蒙元政权的南下，使得一片浮华的南宋更加风雨飘摇，最终不支而亡。在宋末元初这段时间内，涌现出了无数的抗元志士，多种感情的交织和碰撞，使他们创造了一批优秀的诗歌，以铭自己的志向，也和陆游一样将自己的民族感情融入到了诗歌中，唱出了宋朝诗坛拉下帷幕前高亢的音符。这中间，以文天祥的作品最为突出。

文天祥（1236～1283），字履善，又字宋瑞，自号文山，吉州庐陵（今江西吉安）人，南宋著名的抗元志士，作品辑成《文山先生全集》。文天祥在南宋宝祐四年（1256）中状元，历任签书宁海军节度判官厅公事、刑部郎官、江西提刑、尚书左司郎官、湖南提刑、知赣州等官。然而南宋末年的政治已经相当昏暗，临安小朝廷不事进取，苟且偷生，这使得文天祥等一大批要为国效力的文臣士子报国无门，在日益紧张的南北对峙局势中空怀悲叹。南宋恭帝德祐元年（1275）正月，蒙古大军压境，文天祥临危受命为右丞相兼枢密使，出使谈判，从此走上了抗元之路，其后又收拾南宋军队，出入沙场，不断抗击蒙古军队的侵略，试图挽狂澜于既倒，直到公元1283年在大都英勇就义。文天祥以自己的鲜血捍卫了心中的理想，而他在这段时间内所写的诗歌，也谱写了南宋诗坛壮丽而又悲壮的最后一段篇章。

文天祥在抗元时期所作的诗篇，表达了自己对民族危难的无尽忧伤，流露出了自己的忠义气节，例如他在公元1276年从南通乘船前往福州时所作的《扬子江》一诗：

几日随风北海游，回从扬子大江头。
臣心一片磁针石，不指南方不肯休。

此外，文天祥的许多诗句也很能体现出他这一感情，例如“故园水月应无恙，江上新松几许长”（《苍然亭》），“山河千古在，城郭一时非”（《南安军》），“独自登楼时拄颊，山川在眼泪浪浪”（《登楼》），“或为渡江楫，慷慨吞胡羯，或为击贼笏，逆竖头破裂。是气所磅礴，凛然万古存。当其贯日月，生死安足论！”（《正气歌》），一代忠臣的忠孝节义尽数倾注在了诗中的字里行间。

宋末帝祥兴元年（1278）十二月，文天祥被元军俘虏，囚禁于零丁洋的战船之中，不久之后，他就作了《过零丁洋》一诗，以誓死明志，诗曰：

辛苦遭逢起一经，干戈寥落四周星。

山河破碎风飘絮，身世浮沉雨打萍。

惶恐滩头说惶恐，零丁洋里叹零丁。

人生自古谁无死，留取丹心照汗青。

文天祥以一己之力抗敌保国，至死不渝，“人生自古谁无死，留取丹心照汗青。”便是他一生的光辉写照，其忠节卓绝千古，而其悲怆亦千载同涕。

陆游诗中空怀抱负的沉重和愤懑，到文天祥则更加了一重亡国后的悲凉，而宋代诗坛也就此落下了帷幕。宋诗虽然是在唐朝盛世诗歌的阴影中发展开来的，却是在远迈前人的高亢的音符中结束的。

五、幽深内敛的无尽意绪

从“重法”到“尚意”——宋人的书法

中国书法，历来都是国粹。书法演化到宋代，在艺术上更加臻于全盛局面，出现了一系列优秀的书法大家和书法作品，开创的优秀的书法传统，影响远及现代中国，而宋代书法也成为中国五千年文明史上的璀璨明珠。

书法艺术在宋初，并没有得到大的发展。北宋建国以后，由于天下初定，军机要事充斥朝廷生活，所以宋太祖对书法这类艺术的东西并未给以应有的重视，也就没有像唐代那样采取鼓励书法发展的种种措施了，毕竟朝廷初定，难以顾及。所以，当时的士大夫也就对此事漠然对待。后来欧阳修曾发出这样的感慨：“书之盛莫盛于唐，书之废莫废于今。”直到宋仁宗庆历年间至宋神宗熙宁、元丰年间（1041 ~ 1078）的书法“宋四家”力主由唐溯晋、屏除帖学、自为创新，宋代书法才为之一振，渐渐

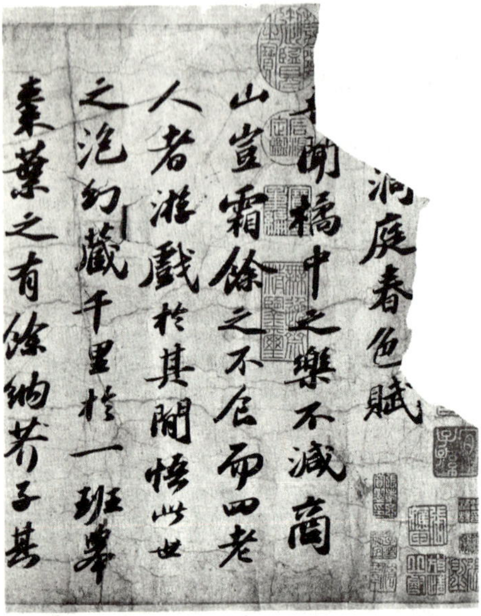

苏轼手迹

演进至全盛。宋人在延续前人的基础上，逐渐在实践中形成了自己鲜明的时代特点：其一，从书法意境上突破唐人重“法”的束缚，改以“我”为主，以“意”代“法”。人们普遍努力追求能表现自我的意志情趣，形成一种“尚意”的书风。苏轼的“我书意造本无法”、黄庭坚的“凡书画当观韵”等等，都是此意。其二，将书法的范围扩大，把它和其他的文学艺术形式结合起来。所以，宋代书法大家同时又多是文学家、画家、诗人等，苏轼、黄庭坚等人皆然。苏轼就曾经说过：“诗不能尽，溢而为书，变而为画。”可见，无论诗还是画，实际上都是作者表现自我意境的一种外在的手段，所以宋人主张融会贯通，物我合一，臻于艺术的最高境界。

提到宋代书法，就不能脱离“宋四家”——苏轼、米芾、黄庭坚、蔡襄。他们的艺术风格，一直为后世所仿效，而其成就，则远逾后世，至今仍然散发着淡淡的墨香。

苏轼不仅是宋代著名的文学家，还是影响颇大的一代书法家。苏轼擅长行书和楷书，书法从“二王”（王羲之、王献之），遍及晋、唐、五代时期的各个名家，曾经得力于王僧虔、李邕、徐浩、颜真卿、杨凝式等人。他的书法能够在继承传统的基础上，于大众之中锐意出新、独树一帜，故为后人所宗。他的书法艺术，重在写“意”，尤寄情于“信手”所书的点画。苏轼书法在艺术上之所以能够取得成功的一大因素，是其在对书法艺术深刻理解的基础上，能够运用传统的书法技法来进行新的创造，去丰富和发展传统的技法，而不是单纯地模仿。他曾经自论其书说：“吾书虽不堪佳，然自出新意不践古人，是一快也。”所以，苏轼的书法，能够古今结合，汲取传统的技巧入当时之书法写意中去。

苏轼的行书和草书蕴藉丰厚、气息淳朴，加之其诗词天工，结果其雅然之情致能够淋漓酣畅地倾泻笔底，书法巧似天成。黄庭坚曾经评价苏轼的书法说：“其书姿媚……至酒酣放浪，意忘工拙，字特瘦劲……至于笔圆而韵胜，挟以文章妙天下，忠义贯日月之气，本朝善书，自当推为第一。”其推崇之高，已然不在话外。讲究气韵，可以说是苏轼书法的一个最大的特点，这与他的思想中的佛老思想颇有渊源，更与他的为人旷达、洒脱是分不开的。而他的这一特点，其实也体现了整个宋代书法艺术的一个大特点。宋人将书法艺术用以写意、乐心、游息，于自由挥洒之中，尽情抒发自己的精神意趣，书法也就是浑然天成了。苏轼书法艺术的代表作主要有《天际乌云帖》《中山松醪赋》《洞庭春色赋》《醉翁亭记》《寒食诗》《春帖子词》《爱酒诗》《蜀中诗》等等。

有苏轼开宋书尚意之先声于前，便有黄庭坚的反“俗气”、米芾的讲“真趣”相继于后，宋代书法，自此开始大成气候。而其中一以贯之的最大特点，便是不作“奴书”，力图通过手中之笔来写出意境、超越世俗，寻求内心深处的真正美好的意趣，这是宋代书法的又一大特色。

米芾（1051～1107），字元章，号襄阳居士、海岳山人，祖籍山西太原，后居江苏镇江。历官至礼部员外郎。宋宣和年间，宋徽宗诏其为书画学博士，所以人们都称他为“米南官”，又因他生性豪率、举止癫狂，故又被称为“米癫”。宋《宣和书谱》说他：“大抵书效羲之，诗追李白，篆宗史籀，隶法师宜官；自谓‘善书者只有一笔，我独有四面，识者然之。’米芾书时，其寸纸数字人争购之，以为珍玩。”可见其书法达到的意境，已经是很高超了。米芾在继承“二王”书法传统上曾经下过苦功，《宋史·文苑传》中说他：“芾特妙于翰墨……得王献之笔意。”可见他的功夫，多是从王献之法意，所以他能够登堂入室，真、草、隶、篆、行都能一挥而就，而尤以行草书见长。他自称“刷字”，即指他用笔浑厚爽劲，其体势展拓，尽兴尽势尽力，追求“刷”的韵味、气魄和力量，可见他自然本性，即是如此的豪率不羁。米芾的书法作品，无论是诗帖，还是尺牍、题跋等，都充满真情，痛快淋漓、雄健清新，既有快刀利剑的气势，又有天马行空之姿态。

此外，米芾还将他的书法技艺中的点画融于绘画当中，同时以“刷笔”的豪放气度来表现自然山川的烟、云、风、雨的变化，追求天趣自然，人称“米点山水”，品来煞是有味。人们一般把米芾的“平淡天真”论作为宋代书论的又一具有代表性的特点来看待。米芾的作品至今留存的很多，是宋四家中遗留作品最多的一位。例如他的《苕溪诗帖》《虹县诗帖》《多景楼诗帖》《蜀素帖》等，都堪称他的代表作。此外，他的有关书学的著作也很多，现在传世的有《书史》《海岳名言》《海岳题跋》等。无论是他的书法作品，还是他的书论，都体现出了米芾的豪率天真、浑然天成的自然意境，乃宋四家中最为豪率的天真之人。

黄庭坚既是北宋的著名诗人，开一代江西诗派，同时又以精于书法著称于世，擅长行草书，楷法亦自成一家。《宋史·文苑传》称他：“庭坚学问文章，天成性得，陈师道谓其诗得法杜甫，善行草书，楷法亦自成一家。与张耒、晁补之、秦观俱游苏轼门，天下称为四学士。”他自己也说：“余学草书三十余年，初以周越为师，故二十年抖擞俗气不脱。晚得苏才翁，子美书观之，乃得古人笔意。其后又得张长史、怀素、高闲墨迹，乃窥笔法之妙。”从中可以窥见他学习书法的艰辛路途，也可窥见他的书法渊源来自何处。

黄庭坚的书法，以大字行书为最佳，笔力苍劲；其小字以尺牍为最善，清圆新丽；草书则纵逸跌宕，大出气势。一般认为，黄庭坚的书法，在宋四家中是最为叛逆

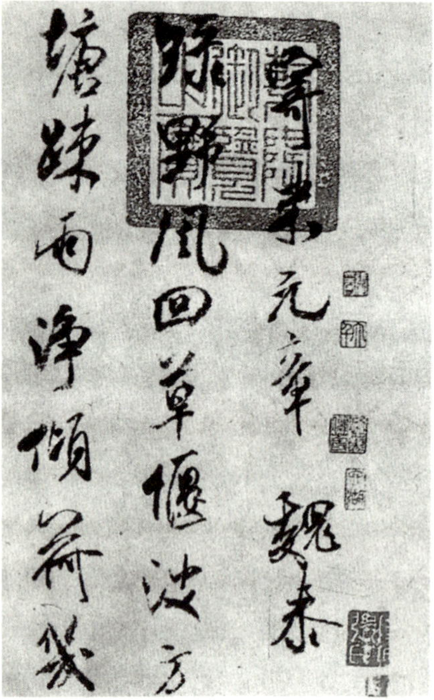

米芾《和魏泰诗》

的，因为他的创作道路相当自我，与苏轼、米芾等人模法古人的做法形成十分鲜明的对照。这几乎和他的江西派诗歌有着相同之处，从而显得自出己意，结果纵横奇崛、波澜老成为黄庭坚书法的主要特征，这与传统的艺术规范是大相径庭的。他的行书，用笔诚如冯班在《钝吟杂录》所评论的那样："笔从画中起，回笔至左顿腕，实画至右住处，却又跳转，正如阵云之遇风，往而却回也。"所以，黄庭坚的书法，颇费人观赏思量。其字字形修长挺拔，紧收中宫，显得气魄宏大，气宇轩昂；而其笔画的长度也很夸张，一波三折，韵味绵长，这突显出黄的特性来。他的草书笔法出自张旭、怀素，形式却是超过张、怀二人，做到了挪腾跳跃、摇曳错落，深得张、怀二人的神韵，又不失自己的风格，所以有人评论他学习怀素的书法意境时曾经说道："山谷书法，晚年大得藏真三昧，此笔力恍惚，出神入鬼，谓之'草圣'宜焉。"此真是青出于蓝而胜于蓝了。黄庭坚留有《松风阁》《花气蕉人诗帖》《请上座帖》等等稀世佳作。

蔡襄（1012～1067），字君谟，其先本是光州人，后居住于福建，再迁于甫田。累官至端明殿学士。蔡襄工于正、行、草、隶书，又能飞白书，曾经以散笔作草书，称为"散草"或"飞草"。书法史上，人们评蔡襄的书法是行书第一、小楷第二、草书第三。《宋史·蔡襄传》中说他："襄工于手书，为当世第一，仁宗尤爱之。"宋四家中，喜欢写规规矩矩的楷书的，仅蔡襄一人。他于书法技巧方面，学习王羲之、颜真卿、柳公权等人，字体浑厚端庄，雄伟遒丽，有工整之淳美。苏轼评论说：“君谟天资既高，积学至深，心手相应，变化无穷，遂为本朝第一。”推崇之意也不在话外，可见当时蔡襄的书法也是受到时人的很大尊敬的。字如其人，蔡襄为人忠厚正直，知识渊博，其字“端劲高古，容德兼备”。后来沈括又评价说他善于“以散笔作草书，谓之‘散草’，或曰‘飞草’，其法皆生于飞白，自成一家。”由此可见，蔡襄虽然本乎前人的书法技艺，但是他也是在模仿中间逐渐发展

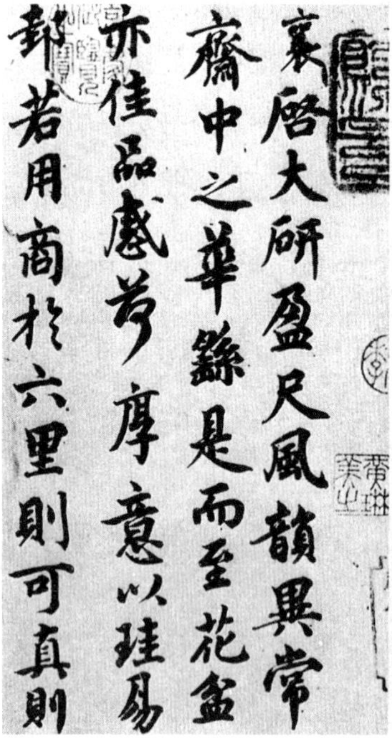

蔡京书法

宋徽宗瘦金体

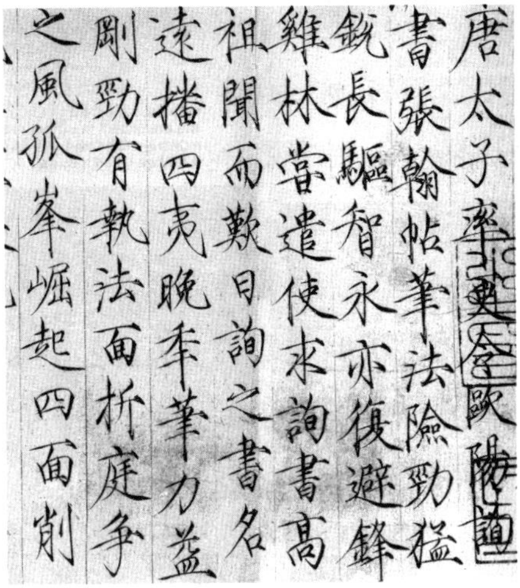

出自己的风格的，也是追求自己的意趣和意境。

谈到宋朝书法，还不能忽略了蔡京。蔡京（1047～1126），字元长，福建仙游人。宋熙宁进士，官至太师，乃宋朝有名的权奸之臣。但是，抛开其人品行不论，单就书法而言，其人的技艺却也在书法史上颇占席位。蔡京尤精于行书，也是很得书法精髓的，其字“字势豪健，痛快视着”，在宋徽宗赵佶的一些画作上，就留有蔡京的题记和题诗。但是由于其人品行过于恶劣，所以在以德论人的中国社会里，蔡京的书法也得到了鄙薄。

另外，宋朝书法史上，还有一个皇帝不得不提及，此人即是北宋亡国之君宋徽宗赵佶（1082～1135），赵佶平生不愿为皇帝，却专事花鸟书法等事，所以其人虽然在政治上毫无可取之处，但是在书法艺术和绘画艺术上，则占有很重要的地位。赵佶的书法，瘦硬劲挺、体态窈窕、别具一格，自称“瘦金书”，又称为“瘦金体”。他的“瘦金体”书法是有相当高的艺术价值的。

总之，宋代书家的普遍特征是“尚意”，力图摆脱唐朝书法规范的束缚，于上溯晋书真趣之时另开新路。但是书法不单纯成其为书法，它作为一种艺术形式，是和当时的社会环境密不可分的，晋人书法的飘逸韵味，乃是和当时士人风范、仙风道骨的时代气息声息相关的，而到了宋代，情形已经大变，宋人已不可能恢复到晋代那样崇尚玄学、崇尚清谈的时代中去，所以，书法的意韵不可避免地带有世俗化的倾向，而在这世俗中冲破嚣杂直取魏晋风尚，也算是宋代书法艺术的一大追求，虽不及魏晋，却也不失为大家风范了。宋代的书法艺术，于特殊的人文环境中，别成一番风韵。

文人寄寓的空幻世界——山水画

宋代在绘画艺术上颇有造诣，其最能表达时代特色的、最可体现宋人心境的绘画艺术是山水画的兴盛。由于宋代士大夫阶层的幽暗意识的普遍存在、宋代所面临的历史环境的特殊性以及宋代理学的发展对文人心境的影响等因素，绘画中的山水画变成了一种寄托性的东西，给予了文人士子们一个空幻的寄寓世界。因此，山水画在宋代的

夏圭《雪堂客话图》（局部）

兴盛，归根结底还是一种时代心境的流露。

宋代山水画的成就是比较高的，先后出现了一大批优秀画家。其中，李成和范宽是北宋初期山水画家的主要代表，他们上承荆浩的绘画艺术中以水墨为主的传统，在内容上以表现北方壮阔雄伟的自然山水为主，与五代时期的画家关仝一起，被认为是“三家鼎峙，百代标程”的画坛大师，可见他们在各自创作中所开启的先锋意义。继李成和范宽以后，又先后出现了诸如王士元、王端、燕文贵、许道宁、高克明、郭熙、李宗成、丘纳和王诜等等比较出名的山水画家，这可以说都是北方山水系统的山水画家，他们作品的主要内容，还是北方的自然风景、山水物象。

宋代山水画坛中，除了北方山水系统的山水画外，还有擅长界画的郭忠恕、擅长湖山小景的惠崇与赵令穰以及继承唐代以来的金碧山水画法的王希孟等等，他们各自创新，在山水画坛上都取得了骄人的成绩，对宋代山水画在中国山水画发展过程中的突出地位的形成以及整个中国山水画发展史，都作出了杰出贡献，影响及于今日。

李成（919～967），字咸熙，居山东，其出身本是唐朝皇族宗室，家传有体，性情豪放，喜好饮酒游历等事，所谓“性爱山水，弄笔自适耳，岂能奔走豪士之门”，尤其擅画山水画。李成能够在继承前代成就、汲取前人优点的基础上，加入自己的理解，从而将山水画的表现内容和表现技巧进一步开拓。李成的山水画传世的不多，根据历史记载，李成的山水画不仅能够十分形象地表现出山川形象的变化，而且还能够匠心独具地强调出季节气候的特点来，他最突出的就是创造了“寒林”的形象。现存的李成画作真迹只有《读碑窠石图》，藏于日本。此画描绘一骑士于旅途中见一古碑而驻足观望，人、骑乃与李成同期的画家王晓所绘，而图的背景则是李成的手笔，荒原空旷，土地寒瘠，老树枝枯叶散，其“寒”意油然而出，也深切地表达出了岁月流失的感慨无限。总之，李成的山水画作的一个突出的特点就是他在“寒意”的表达方面，能够做到逼真、袭人，给人以一种空远辽旷之感，在山水画的发展史上，还是很有影响的。

《宣和画谱》中称李成的画技："所画山林薮泽，平远险易，萦带曲折，飞流、危栈、断桥、绝涧、水石、风雨晦明、烟云雪雾之状，一皆吐其胸中，而写之笔下。"可见功夫之深厚，所以《宣和画谱》最后盛赞李成说："凡称山水者，必以成为古今第一。"李成的山水画的成就和影响，的确是在宋代山水画坛和整个中国山水画发展过程中的一个重镇。

范宽，字中立，陕西华原人。他的生活时代不甚详细，但是应当略晚于李成。其人也是生性宽厚，喜好饮酒游玩，《宣和画谱》中形容他"风仪峭古，进止疏野，性嗜酒，落魄不拘世故"，但是他却擅长山水画作。据载，范宽的山水画，初学李成之法，后有所悟而认为："前人之法，未尝不近取诸物，吾与其师于人者，未若师诸物也；吾与其师诸物者，未若师诸心。"所以，他便开始将观察的角度从物外移到内心来，要从内心来寻求作画的境界。于是范宽深入到终南、太华一带的深山老林中，做深入自然的真切体会，然后开始将体会付诸笔端，创造出了自己的山水画风格。

范宽的画作，笔墨雄奇、层峦叠嶂，人观其画，有"恍如行山阴道中，虽盛暑中，凛凛然使人急欲挟纩也"的感觉，可见其画已经达到了一种相当真切的境界了。范宽笔下的山水，尤其是描写他经常出入的关陕地区的山川时，显得尤其雄奇壮美、蔚为壮观，人赞扬说是"峰峦浑厚，势状雄强，抢笔俱匀，人屋皆质”，又赞扬说“真石老树，挺生笔下，求其气韵，出于物表，而又不资华饰”，从这些评价中，不难看出范宽的行笔造诣。和李成一样，范宽传世的作品也很稀少，今存台北故宫博物院的《谿山行旅图》，是范宽的传世名作。该画山峰、飞瀑、山丘、楼阁、流水、驮马等等景物各自神态都刻画得栩栩如生，而且笔力雄浑端重，有一股洒脱之气迎面逼来。范宽的这幅作品，历来好评如潮，米芾甚至认为“本朝无人出其右”。此外，范宽还擅长雪景寒林，雪山形象是他自己的创造。如现在的《雪山萧寺图》和《雪景寒林图》等作品，虽然真伪仍旧未得以鉴定，但是其笔法却已经充分地显露出了范宽的笔触了，可以体现出范宽的风格。

许道宁，北宋初期河北河间人，性情狂放，喜好饮酒，所谓“每见人寝陋者，必戏写貌于酒肆，为其人殴击，至碎衣败面而竟不悛”，但是他擅长绘画。就山水画艺术方面的造诣而言，许道宁通常被认为是李成、范宽之后的第一人。其山水技法，尤其师法李成之笔法，他的笔法简快，所绘的峰峦树木，都显得峭拔劲硬，能出一家之风范，自成一体而不落俗套。刘道醇在《圣朝名画传》中评论许道宁时说，“道宁所长者三：一林木，二平远，三野水，皆造其妙……命意独逸，自成一家，颇有气焰。”其传世作品有绢本墨笔的《秋江渔艇图》，该画内容是表现群山远峰之下的辽阔江面上飞翔着的数只渔艇，在笔法上用长皴来直扫而下，借以表现峰峦叠嶂的峭拔之势，尤其得李成画作的真境，韵味无穷。该画作现藏于美国堪萨斯纳尔逊博物馆。

自李成、范宽出，宋代山水画坛就被他们的艺术风格所笼罩起来，后来的许多画家，都是临摹二者的技法来作画的，但是到了宋仁宗和神宗年间，画家郭熙却能够以“不局于一家”的生气，开创了又一家的风格，从而与李成、范宽齐名并列了。

郭熙（1000？～1090？），字淳夫，河南河阳人。他的早年事迹多不可考，据说他是“少从道家之学，吐故纳

郭熙《早春图》

宋徽宗《听琴图》

新，本游方外。家世无画学，盖天性得之。遂游艺于此而成名。”在宋神宗时，郭熙奉诏进入宫廷画院，初为“艺学”，后升“翰林待诏直长”，于山水画技上颇有造诣。郭熙以山水画闻名于当时。他临摹李成的画作，画艺上大进。他的绘画的一个特点，是画石时多用卷云皴，所谓的“蟹爪枝”应当本乎他的笔法才是。现藏于台北故宫博物院的《早春图》，可以说是郭熙的代表作，此画作于宋神宗熙宁五年（1072），画的内容是早春的山水、乱石、林木、楼台等景物，表现出了大自然生动的细节，显出了早春时节的栩栩生机，用笔灵动严谨、线条浑柔优美，不啻为经典之作。郭熙是李成之后，把中国山水画创作推向表现更加真实细腻的微妙变化境地的人。郭熙在绘画理论上，提出过“三远”画法，即“高远之色清明，深远之色重晦，平远之色有明有晦。高远之势突兀，深远之意重叠，平远之意冲融缥缥缈缈”，他自己则走的是其中的“平远”的路子。

郭熙传世作品相对较多，有美国大都会博物馆藏《树色平远图》、台北故宫博物院藏《早春图》及《关山春雪图》、上海博物馆藏《幽谷图》、南京大学藏《山村图》、云南省博物馆藏《秋山行旅图》和故宫博物院藏《窠石平远图》等等，都是传世名作，体现了郭熙丰富的艺术成就。郭熙在山水画绘画理论方面的贡献，是宋朝山水画坛中最为突出的一位大家。

南宋时代的山水画家，一部分人仍在表现雄浑壮阔的自然山水，比如讲求全景式的构图，讲求细腻的皴法，讲求曲折多变的山势等等，这都来自于北宋时期的山水画派的大师们的创造。但是，真正能代表南宋一代山水画创作的，却不是这些宏大的构图画作，而变成了那些讲究意境的创造、以抒情为主要目的的所谓“偏角山水”。在这种画风下，画家以突出一个局部的方法来加强描写的力度，用笔更加泼辣，水墨的韵味发挥得更加充分，单就艺术造诣来讲另开一路，同时也是在新时代寄托的一个强有力的表征。这无疑是南宋偏安江南一隅之后，文人士子们在书画中的心境的流露，北宋时期的那种恢宏大度已然不复存

马远《踏歌行》

在，只剩下了一点一点的“偏角”来寄托文人的梦幻了。即使是贵为皇帝的宋徽宗的画作，也体现了这一色彩，例如他的《听琴图》，就很有清淡气息，宛然已经没有恢宏气魄。

南宋山水画家中，李唐是公认的开创这种“偏角”新风的一代宗师。李唐（1066～1150），字晞古，河南河阳人。以八十高龄入宋画院任待诏，平生山水画作，尤其以“偏角山水”著称，他与刘松年、马远、夏圭并称“南宋四大家”。李唐之画，山水取法荆浩、关仝及范宽而又自出机杼，有所变化。其画布局多取近景，突出主峰或崖岸；山石作大斧劈皴，积墨深厚，开南宋一代山水画新风。他的名作《万壑松风图》便是如此，给人以强烈的印象。他还有《长夏江寺图》《清溪渔隐图》《牧牛图》等等。此外，李唐还擅长人物故事画，现在故宫博物院所藏的《采薇图》和美国大都会博物馆所藏的《晋文公复国图》，都是借古喻今的不朽名作。在南宋的诸位画家中，李唐是成就最高的，可以说是南宋山水画坛的领军人物。后来的刘松年以及马远、夏圭等人都受到他的影响。

刘松年，浙江钱塘人，曾于宋光宗绍熙年间入宋室画院待诏。刘松年是继李唐之后南宋画坛上的最负盛名者，因居清波门而被人称为“暗门刘”（清波门俗称“暗门”）。他的画风与李唐一脉相承。刘松年的画，山水人物俱佳，其所作的山水、人物都有很大的影响。藏于故宫博物院的《四景山水》（卷）是其山水画代表作，分四段描写春、夏、秋、冬的景色，并穿插以人物活动。在内容上，与李唐的取材不同，刘松年主要是描写西湖一带的风光，因此他的绘画风格显得精细秀润一些，与李唐的气势雄壮形成了对比。这也可以看出南北宋之间时代的差别所造成的文化上的差别。

马远（1140～1225？），字遥父，山西永济人，宋光宗、宁宗、理宗时的画院待诏，乃是画院世家，故功底深厚、家学渊源。马远近承家学，远法李唐，逐渐形成了自己的风格，对南宋后期院画的风格有很大的影响。他的山水画在取景上善于以偏概全、以小见大，显得简洁、含蓄而又独特，被时人赞誉为“马一角”。在绘画用笔上，马远扩大了以前的斧劈皴法，在画山石时用笔直扫，以造成水墨俱下、有棱有角的效果。他的主要作品有《春游赋诗图》《踏歌行》《雪景图》等。马远是南宋画坛的山水大师，他把李唐所开创的山水画技巧推到了一个新的高度。

夏圭（生卒年月不详），字禹玉，浙江钱塘人，宋宁宗时画院待诏。其画风与马远极为相似，在构图上也多用空白，表现朦胧奥远的空间，被人称为“夏半边”。夏圭的山水画，朴素清新，结构独特，自成一体，深得山水画的意境之妙。夏圭的画作，有现藏台北故宫博物院的《溪山清远图》，画面上巨石、远山、林木、楼台等，布置得疏密有间，在技法上，用笔坚挺峭秀，整幅作品将烟雨迷濛的江南景色描绘得清新秀丽。此外，夏圭还擅长于小幅的作品，但是即便是小幅作品，也大都是笔法简洁，墨色苍润，诗意浓厚，心境宣明，现有故宫博物院所藏的《遥岑烟霭图》为其代表。

总之，两宋的山水画，在艺术上各有千秋，或雄浑空远，或险峻高拔，或凌空走势，亦或安然一角，自成一体，总体发展上呈现出了层层跌宕起伏之状。宋代的山水画的画内艺术、技法、意境，已经在如上的代表名家的作品中表露无遗了，充分体现出宋代山水画的辉煌成就。除此之外，宋朝山水画的画外意境，却也十分地突出，诚然不能将南北宋的政治分期和政治立场强加到绘画艺术中来牵强附会。但是，宋代突出的时代特征和文化背景对宋代山水画的影响，却也是显而易见的，其中尤其重要的是，宋代的山水画体现出了在有宋一代文人心中的忧郁、幽暗的心理情结。他们内心往往都是忧愁、晦暗的，所以在外界得不到解脱的情况下，只有把心中的郁结抒发到笔端，加之宋代正巧是佛教、道教、新儒学和理学互相交织纠缠的时代。这突出的时代文化特征不可避免地走进了文人们的心中，所以，他们大多喜好饮酒作画，生性豪爽不羁，或出入佛老之间。这样的生活，对他们的山水画创作影响颇大。所以说，他们的笔端流出来的山水画作，便是其胸臆的寄托。

宋代山水画还带有丝丝空灵，因为此宋代山水，实非彼山水。

六、市民文艺的滥觞

东京梦华

北宋都城开封，因为有汴河流过，又称汴京，而洛阳在西，开封在东，故又称为东京。开封自公元前364年至公元1233年，有战国时期的魏国、五代的后梁、后晋、后汉、后周以及北宋和金等七个王朝先后在此建都，可谓是“七朝古都”，尤其是在北宋时期，开封以天下都城之位置，占尽繁华一百六十八年，人口达至一百五十余万，当时开封城的建筑规模之宏大、市井之繁华，天下万城皆不能望其项背，素有“汴京富丽天下无”的美誉，为当时中国的政治、经济、文化中心。如此一个繁华的大都会，其人烟阜盛之局面，久为历代所称颂，渐渐成了东京神化一般的美好，而当时的实际情形，也的确可以说是自唐以来中国最为锦绣成云的城市。

宋代东京之所以名扬史册，不仅是因为是北宋都城，更是因为它开创了一个史无前例的市民文化，宋代市民艺术之滥觞由东京而来，于东京而成。最能彰显宋代东京繁荣局面和市民文艺鼎盛情形的，就是宋代人孟元老倾力所著的《东京梦华录》一书，此书出后，“东京梦华”一夜千里，名扬天下。要追溯宋代的“东京梦华”，最好的路子，自然也脱不过这本书记。

关于东京的繁荣局面，《东京梦华录》中对都城建设、城内河道、御街、街巷、夜市、酒楼、饮食、交易等等的描述翔实生动，通过这些记载，一个简直可以和今天的都市生活相媲美的梦一般的东京展现在人们面前，勾起了人们的无限向往。

“东都外城”的构建：

东都外城，方圆四十余里。城濠曰护城河，阔十余丈，濠之内外，皆植杨柳，粉墙朱户，禁人往来。城门皆瓮城三层，屈曲开门，唯南薰门、新郑门、新宋门、封丘门皆直门两重，盖此系四正门，皆留御路故也。城南壁，其门有三：正南门曰南薰门；城南一边，东南则陈州门，旁有蔡河水门；西南则戴楼门，旁亦有蔡河水门。蔡河正名惠民河，为通蔡州故也。东城一边，其门有四：东南曰东水门，乃汴河下流水门也，其门跨河，有铁裹窗门，遇夜如闸垂下水面，两岸各有门通人行路，出拐子城，夹岸百余丈；次则曰新宋门；次曰新曹门；又次曰东北水门，乃五丈河之水门也。西城一边，其门有五：从南曰新郑门；次曰西水门，汴河上水门也；次曰万胜门；又次曰固子门；又次曰西北水门，乃金水河水门也。北城一边，其门有四：从东曰陈桥门（乃大辽人使驿路）；次曰封丘门（北郊御路）；次曰新酸枣门；次曰卫州门（诸门名皆俗呼。其正名如西水门曰利泽，郑门本顺天门，固子门本金耀门）。新城每百步设马面、战棚，密置女头，旦暮修整，望之耸然。城里牙道，各植榆柳成荫。每二百步置一防城库，贮守御之器，有广固兵士二十，指挥每日修造泥饰，专有京城所提总其事。

由此可见，仅仅一个外城，其构建就如此复杂，可见当时适应城市的需要是很大的，而且发展程度也是很高的。

东京城内还有许多河道，《东京梦华录》中描写“河道”时说：

穿城河道有四。南壁曰蔡河，自陈蔡由西南戴楼门入京城，辽绕自东南陈州门出，河上有桥十三，自陈州门里曰观桥（在五岳观后门）；从北，次曰宣泰桥；次曰云骑桥；次曰横桥子（在彭婆婆宅前）；次曰高桥；次曰西保康门桥；次曰龙津桥（正对内前）；次曰新桥；次曰太平桥（高殿前宅前）；次曰粜麦桥；次曰第一座桥；次曰宜男桥；出戴楼门外曰四里桥。中曰汴河，自西京洛口分水入京城，东去至泗州，入淮，运东南之粮，凡东南方物，自此入京城，公私仰给焉。自东水门外七里至西水门

杂剧演出图

外，河上有桥十四，从东水门外七里曰虹桥，其桥无柱，皆以巨木虚架，饰以丹，宛如飞虹，其上下土桥亦如之；次曰顺成仓桥；入水门里曰便桥；次曰下土桥；次曰上土桥，投西角子门曰相国寺桥；次曰州桥（正名天汉桥），正对于大内御街；其桥与相国寺桥皆低平不通舟船，唯西河平船可过，其柱皆青石为之，石梁石榫，近桥两岸，皆石壁，雕镌海马水兽飞云之状，桥下密排石柱，盖车驾御路也。州桥之北岸御路，东西两阙，楼观对耸；桥之西有方浅船二只，头置巨杆铁枪数条，岸上有铁索三条，遇夜绞上水面，盖防遗失舟船矣；西去曰浚仪桥；次曰兴国寺桥（亦名马军衙桥）；次曰太师府桥（蔡相宅前）；次曰金梁桥；次曰西浮桥（旧以船为之桥，今皆用木石造矣）；次曰西水门便桥；门外曰横桥。东北曰五丈河，来自济郓，般挽京东路粮斛入京城，自新曹门北入京，河上有桥五：东去曰小横桥；次曰广备桥；次曰蔡市桥；次曰青晖桥；染院桥。西北曰金水河，自京城西南分京、索河水筑堤，从汴河上用木槽架过，从西北水门入京城，夹墙遮拥，入大内灌后苑池浦矣。河上有桥三：曰白虎桥、横桥、五王宫桥之类。又曹门小河子桥曰念佛桥，盖内诸司辇官亲事官之类，军营皆在曹门，侵晨上直，有瞽者在桥上念经求化，得其名矣。

真可谓是水系纵横了，可见当时东京的河道和桥梁都是很多的，纵横复杂，沟通了京城的运输。

东京也有和唐朝一般的“御街”：

自宣德楼一直南去，约阔二百余步，两边乃御廊，旧许市人买卖于其间，自政和间官司禁止，各安立黑漆杈子，路心又安朱漆杈子两行，中心御道，不得人马行往，行人皆在廊下朱杈子之外。杈子里有砖石甃砌御沟水两道，宣和间尽植莲荷，近岸植桃李梨杏，杂花相间，春夏之间，望之如绣。

御街在气势恢宏之外，竟也不乏秀丽装饰，然而东京的街巷，或许更能表现这所城市蓬勃的活力，《东京梦华录》中记载了许多的街巷，各自有各自的特色，充满着欣欣向荣的活力，又透着市民生活的欢乐：

朱雀门外街巷

出朱雀门东壁，亦人家。东去大街、麦秸巷、状元楼，余皆妓馆，至保康门街。其御街东朱雀门外，西通新门瓦子以南杀猪巷，亦妓馆。以南东西两教坊，余皆居民或茶坊。街心市井，至夜尤盛。过龙津桥南去，路心又设朱漆杈子，如内前。东刘廉访宅，以南太学、国子监。过太学，又有横街，乃太学南门。街南熟药惠民南局。以南五里许，皆民居。又东去横大街，乃五岳观后门。大街约半里许，乃看街亭，寻常车驾行幸，登亭观马骑于此。东至贡院、什物库、礼部、贡院车营务、草场。街南葆真宫，直至蔡河云骑桥。御街至南薰门里街西五岳观，最为雄壮。自西门东去观桥、宣泰桥，柳荫牙道，约五里许，内有中太一宫、佑神观。街南明丽殿、奉灵园。九成宫内安顿九鼎。近东即迎祥池，夹岸垂杨，菰蒲莲荷，凫雁游泳其间，桥亭台榭，棋布相峙，唯每岁清明日放万姓烧香游观一日。龙津桥南西壁邓枢密宅，以南武学巷内曲子张宅、武成王庙。以南张家油饼、明节皇后宅。西去大街，曰大巷口。又西曰清风楼酒店，都人夏月多乘凉于此。以西老鸦巷口军器所，直接第一座桥。自大巷口南去延真观，延接四方道民于此。以南西去小巷口三学院，西去直抵宜男桥小巷，南去即南薰门，寻常士庶殡葬车舆，皆不得经由此门而出，谓正与大内相对，唯民间所宰猪，须从此入京，每日至晚，每群万数，止十数人驱逐，无有乱行者。

东角楼街巷

自宣德东去东角楼，乃皇城东南角也。十字街南去

《宴饮图》

姜行。高头街北去，从纱行至东华门街、晨晖门、宝箓宫，直至旧酸枣门，最是铺席要闹。宣和间展夹城牙道矣。东去乃潘楼街，街南曰“鹰店”，只下贩鹰鹘客，余皆珍珠匹帛香药铺席。南通一巷，谓之“界身”，并是金银彩帛交易之所，屋宇雄壮，门面广阔，望之森然，每一交易，动即千万，骇人闻见。以东街北曰潘楼酒店，其下每日自五更市合，买卖衣物书画珍玩犀玉。至平明，羊头、肚肺、赤白腰子、奶房、肚胘、鹑兔、鸠鸽、野味、螃蟹、蛤蜊之类讫，方有诸手作人上市买卖零碎作料。饭后饮食上市，如酥蜜食、枣、砂团子、香糖果子、蜜煎雕花之类。向晚卖河娄头面、冠梳领抹、珍玩动使之类。东去则徐家瓠羹店。街南桑家瓦子，近北则中瓦，次里瓦。其中大小勾栏五十余座，内中瓦子、莲花棚、牡丹棚；里瓦子、夜叉棚、象棚最大，可容数千人。自丁先现、王团子、张七圣辈，后来可有人于此作场。瓦中多有货药、卖卦、喝故衣、探搏、饮食、剃剪、纸画、令曲之类。终日居此，不觉抵暮。

潘楼东街巷

潘楼东去十字街，谓之土市子，又谓之竹竿市。又东十字大街，曰从行裹角，茶坊每五更点灯，博易买卖衣物、图画、花环、领抹之类，至晓即散，谓之“鬼市子”。以东街北赵十万宅街，南中山正店、东榆林巷、西榆林巷。北郑皇后宅。东曲首向北墙畔单将军庙，乃单雄信墓也，上有枣树，世传乃枣槊发芽生长成树，又谓之枣冢子巷。又投东，则旧曹门街，北山子茶坊，内有仙洞、仙桥，仕女往往夜游吃茶于彼。又李生菜小儿药铺、仇防御药铺。出旧曹门，朱家桥瓦子。下桥，南斜街、北斜街，内有泰山庙，两街有妓馆。桥头人烟市井，不下州

小儿相扑

送子观音

南。以东牛行街、下马刘家药铺、看牛楼酒店，亦有妓馆，一直抵新城。自土市子南去铁屑楼酒店、皇建院街、得胜桥郑家油饼店，动二十余炉，直南抵太庙街、高阳正店，夜市尤盛。土市北去，乃马行街也，人烟浩闹。先至十字街，曰鹩儿市，向东曰东鸡儿巷，西向曰西鸡儿巷，皆妓馆所居。近北街曰杨楼街，东曰庄楼，今改作和乐楼，楼下乃卖马市也。近北曰任店，今改作欣乐楼，对门马铛家羹店。

由上面的三条街巷的描述，我们可以看到东京市井的繁华，商业繁荣、歌舞升平，尽显大都市的繁华景象，说其是锦绣成堆，也不过分。

东京在历史上比较出名的还有它的夜市，在宋代以前和宋初的时候，一般是实行宵禁的，但是随着宋代经济的日益发展和城市的渐趋繁荣，逐渐放弃了宵禁的规矩，准许夜市通宵等等，结果以东京为代表，夜市生活达到史无前例的鼎盛之局，例如“州桥夜市”：

出朱雀门，直至龙津桥。自州桥南去，当街水饭、爊肉、干脯。王楼前獾儿、野狐、肉脯、鸡。梅家鹿家鹅鸭鸡兔肚肺鳝鱼包子、鸡皮、腰肾、鸡碎，每个不过十五文。曹家从食。至朱雀门，旋煎羊、白肠、鲊脯、冻鱼头、姜豉子、抹脏、红丝、批切羊头、辣脚子、姜辣萝卜。夏月麻腐鸡皮、麻饮细粉、素签沙糖、冰雪冷元子、水晶角儿、生淹水木瓜、药木瓜、鸡头穰沙糖、绿豆、甘草冰雪凉水、荔枝膏、广芥瓜儿、咸菜、杏片、梅子姜、莴苣笋、芥辣瓜儿、细料馉饳儿、香糖果子、间道糖荔枝、越梅、刀紫苏膏、金丝党梅、香枨元，皆用梅红匣儿盛贮。冬月盘兔旋炙、猪皮肉、野鸭肉、滴酥水晶脍、煎角子、猪脏之类，直至龙津桥须脑子肉止，谓之杂嚼，直至三更。

生活如此富庶，则免不了娱乐场所的灯红酒绿，宋代东京的酒楼，十分兴盛，满城不下百家，一片奢华景象：

凡京师酒店，门首皆缚彩楼欢门，唯任店入其门，一直主廊约百余步，南北天井两廊皆小阁子，向晚灯烛荧煌，上下相照，浓妆妓女数百，聚于主廊槏面上，以待酒客呼唤，望之宛若神仙。北去杨楼，以北穿马行街，东西两巷，谓之大小货行，皆工作伎巧所居。小货行通鸡儿巷妓馆，大货行通笺纸店白矾楼，后改为丰乐楼，宣和间，更修三层相高。五楼相向，各有飞桥栏槛，明暗相通，珠帘绣额，灯烛晃耀。初开数日，每先到者赏金旗，过一两夜，则已元夜，则每一瓦陇中皆置莲灯一盏。内西楼后来禁人登眺，以第一层下视禁中。大抵诸酒肆瓦市，不以风雨寒暑，白昼通夜，骈阗如此。州东宋门外仁和店、姜店，州西宜城楼、药张四店、班楼，金梁桥下刘楼，曹门蛮王家、乳酪张家，州北八仙楼，戴楼门张八家园宅正店，郑门河王家、李七家正店，景灵宫东墙长庆楼。在京正店七十二户，此外不能遍数，其余皆谓之“脚店”。卖贵细下酒、迎接中贵饮食，则第一白厨，州西安州巷张秀，以次保康门李庆家，东鸡儿巷郭厨，郑皇后宅后宋厨，曹门砖筒李家，寺东骰子李家，黄胖家。九桥门街市酒店，彩楼相对，绣旆相招，掩翳天日。政和后来，景灵宫东墙下长庆楼尤盛。

凡店内卖下酒厨子，谓之“茶饭量酒博士”。至店中小儿子，皆通谓之“大伯”。更有街坊妇人，腰系青花布手巾，绾危髻，为酒客换汤斟酒，俗谓之“焌糟”。更有百姓入酒肆，见子弟少年辈饮酒，近前小心供过，使令买物命妓，取送钱物之类，谓之“闲汉”。又有向前换汤斟酒歌唱，或献果子香药之类，客散得钱，谓之“厮

宋代商品广告

波”。又有下等妓女，不呼自来，筵前歌唱，临时以些小钱物赠之而去，谓之“劄客”，亦谓之“打酒坐”。又有卖药或果实萝卜之类，不问酒客买与不买，散与坐客，然后得钱，谓之“撒暂”。如此处处有之。唯州桥炭张家、乳酪张家，不放前项人入店，亦不卖下酒，唯以好淹藏菜蔬，卖一色好酒。所谓茶饭者，乃百味羹、头羹、新法鹌子羹、三脆羹、二色腰子、虾蕈、鸡蕈、浑炮等羹、旋索粉、玉棋子、群仙羹、假河鲀、白渫、货鳜鱼、假元鱼、决明兜子、决明汤齑、肉醋托胎衬肠沙鱼、两熟紫苏鱼、假蛤蜊、白肉夹面子茸割肉、胡饼、汤骨头、乳炊羊、羊闹厅、羊角、腰子、鹅鸭排蒸荔枝腰子、还元腰子、烧臆子、入炉细项莲花鸭、签酒炙肚胘、虚汁垂丝羊头、入炉羊头、签鹅鸭、签鸡、签盘兔、炒兔、葱泼兔、假野狐、金丝肚羹、石肚羹、假炙獐、煎鹌子、生炒肺、炒蛤蜊、炒蟹、渫蟹、洗手蟹之类，逐时旋行索唤，不许一味有阙，或别呼索变。造下酒亦即时供应。又有外来托卖炙鸡、燠鸭、羊脚子、点羊头、脆筋巴子、姜虾、酒蟹、獐巴、鹿脯、从食蒸作、海鲜时果、旋切莴苣生菜、西京笋。又有小儿子着白虔布衫，青花手巾，挟白磁缸子卖辣菜。又有托小盘卖干果子，乃旋炒银杏、栗子、河北鹅梨、梨条、梨干、梨肉、胶枣、枣圈、梨圈、桃圈、核桃、肉牙枣、海红嘉庆子、林檎旋乌李、李子旋樱桃、煎西京雨梨、尖梨、甘棠梨、凤栖梨、镇府浊梨、河阴石榴、河阳查子、查条、沙苑榅脖、回马孛萄、西川乳糖、狮子糖、霜蜂儿、橄榄、温柑、绵枨金橘、龙眼、荔枝、召白藕、甘蔗、漉梨、林檎干、枝头干、芭蕉干、人面子、巴览子、榛子、榧子、虾具之类。诸般蜜煎香药、果子罐子、党梅、柿膏儿、香药、小元儿、小鬣茶、鹏沙元之类。更外卖软羊诸色包子、猪羊荷包、烧肉干脯、玉板鲊豝、鲊片酱之类。其余小酒店，亦卖下酒，如煎鱼、鸭子、兔、煎燠肉、梅汁、血羹、粉羹之类。每分不过十五钱。诸酒店必有厅院，廊庑掩映，排列小子，吊窗花竹，各垂帘幕，命妓歌笑，各得稳便。

经济的发展，必然要求市场交易的存在，宋代东京就有大规模的市集交易，最为出名的就是相国寺内的“万姓交易”：

相国寺每月五次开放万姓交易，大三门上皆是飞禽猫犬之类，珍禽奇兽，无所不有。第三门皆动用什物，庭中设彩幕露屋义铺，卖蒲合、簟席、屏帏、洗漱、鞍辔、弓剑、时果、脯腊之类。近佛殿，孟家道冠王道人蜜煎，赵文秀笔及潘谷墨，占定两廊，皆诸寺师姑卖绣作、领抹、花朵、珠翠头面、生色销金花样幞头帽子、特髻冠子、绦线之类。殿后资圣门前，皆书籍、玩好、图画及诸路罢任官员土物香药之类。后廊皆日者货术传神之类。寺三门阁上并资圣门，各有金铜铸罗汉五百尊、佛牙等，凡有斋供，皆取旨方开三门。左右有两瓶琉璃塔，寺内有智海、惠林、宝梵、河沙东西塔院，乃出角院舍，各有住持僧官，每遇斋会，凡饮食茶果，动使器皿，虽三五百分，莫不咄嗟而办。大殿两廊，皆国朝名公笔迹，左壁画炽盛光佛降九鬼百戏，右壁佛降鬼子母揭盂。殿庭供献乐部马队之类。大殿朵廊，皆壁隐楼殿人物，莫非精妙。

每至节日时，东京城内也是热闹非凡，仅以元宵节为例，参加的人们就摩肩接踵、熙熙攘攘，一派升平景象，尽显大宋河山：

正月十五日元宵，大内前自岁前冬至后，开封府绞缚山棚，立木正对宣德楼，游人已集御街两廊下。奇术异能，歌舞百戏，鳞鳞相切，乐声嘈杂十余里，击丸蹴踘，踏索上竿。赵野人，倒吃冷淘；张九哥，吞铁剑；李外宁，药法傀儡；小健儿，吐五色水、旋烧泥丸子；大特落，灰药；榾柮儿，杂剧。温大头、小曹，嵇琴；党千，箫管；孙四，烧炼药方；王十二，作剧术；邹遇、田地广，杂扮；苏十、孟宣，筑球；尹常卖，《五代史》；刘百，禽虫；杨文秀，鼓笛；更有猴呈百戏，鱼跳刀门，使唤蜂蝶，追呼蝼蚁。其余卖药、卖卦，沙书地谜，奇巧百端，日新耳目。至正月七日，人使朝辞出门，灯山上彩，金碧相射，锦绣交辉。面北悉以彩结，山棚上皆画神仙故事。或坊市卖药卖卦之人，横列三门，各有彩结金书大牌，中曰"都门道"，左右曰"左右禁卫之门"，上有大牌曰"宣和与民同乐"。彩山左右，以彩结文殊、普贤，跨狮子、白象，各于手指出水五道，其手摇动。用辘轳绞水上灯山尖高处，用木柜贮之，逐时放下，如瀑布状。又于左右门上，各以草把缚成戏龙之状，用青幕遮笼，草上密置灯烛数万盏，望之蜿蜒，如双龙飞走。自灯山至宣德门楼横大街，约百余丈，用棘刺围绕，谓之"棘盆"，内设两长竿，高数十丈，以缯彩结束，纸糊百戏人物，悬于竿上，风动宛若飞仙。内设乐棚，差衙前乐人作乐杂戏，并左右军百戏，在其中驾坐一时呈拽。宣德楼上，皆垂黄缘，帘中一位，乃御座。用黄罗设一彩棚，御龙直执黄盖掌扇，列于帘外。两朵楼各挂灯球一枚，约方圆丈余，内燃椽烛，帘内亦作乐。宫嫔嬉笑之声，下闻于外。楼下用枋木垒成露台一所，彩结栏槛，两边皆禁卫排立，锦袍，幞头簪赐花，执骨朵子，面此乐棚。教坊钧容直、露台弟

宋代交子铜版

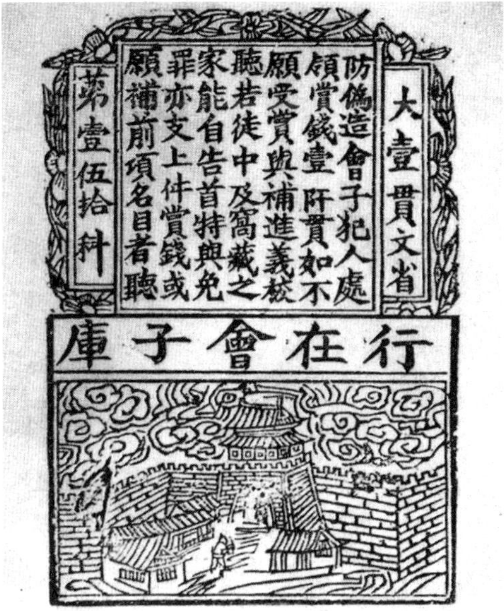

子，更互杂剧。近门亦有内等子班直排立。万姓皆在露台下观看，乐人时引万姓山呼。

提到宋朝东京的繁华景象，不能不提宋画家张择端所画的风俗画《清明上河图》，这幅描述北宋都城东京的繁荣景象的长轴画，历来都被视做是北宋一朝东京梦华繁荣富庶的绝好写照。张择端，字正道，山东东武人，约是宋徽宗时期的画院画家。

张择端的《清明上河图》描绘的是东京清明时节汴河及其两岸的风光，该作品以其全景式的构图、精致细腻的笔法，展现了12世纪的东京都市各个阶层的生活状况和当时的社会风貌。

汴京宣德楼前演象图

《清明上河图》约合5.3米长，画中共有五百多人，职业涉及仕、农、工、商、医、卜、僧、道、胥吏、船工以及家庭妇女，神采各异；图中的情节尤其丰富，有赶集的、有买卖的、有闲逛的、有饮酒的、有闲谈的、有推舟的、有拉车的、有骑马乘轿的等等，不胜枚举，展现出了丰富多姿的人物形象；图中还有皇城的四方辐辏，能看到杂陈的百肆，看到汴河的河港池沼，但见船只往来穿梭，忙忙碌碌；画中既有气势很大的官府宅邸，也有恬适的茅蓬村舍，从城市边缘一直到市中心，展现出了一派繁忙景象。《清明上河图》恰如市民文学一样，丰富有味，多姿多彩，对东京的社会风情做了一个全景式的概括，充分展现了当时世俗生活的和谐安定。该图中所描写的景物，都是十分忠于实景的，如虹桥的位置和形式、街巷的布局以及对酒楼等的描写，都能与记载汴梁的有关文献相印证。当时景象，尤能通过这种艺术的载体让人觉得历历在目，心旷神怡。

总之，宋代东京乃是当时天下的大都会，繁华阜盛，锦绣成堆。在这种空前繁荣的大都会里，市民文艺也得到了前所未有的大发展，市井瓦肆里的市民艺术在慢慢演变，渐渐走向兴盛的局面，市民艺术的文化魅力也开始流露出来。

勾栏瓦肆里的说唱——宋代话本小说

辉煌富丽的唐朝时期，曾经出现了市民文艺的先声形式——唐代“传奇”，出现了一大批优秀著作，例如《南柯太守传》《柳毅传》《李娃传》《霍小玉传》等等，体现了市民文艺发展初期的优秀成就。从文学史的发展上讲，唐代传奇的出现，使中国小说进入一个新的阶段，从此开了一个新的文艺形式。然而历经五代丧乱之后，到了宋代，大部分的传奇，在题材上比较守旧，而且缺乏创新，始终无法再与唐朝时期的传奇作品相媲美，大有日暮之势。而唐代出现的“志怪”小说，到此时也没有了唐朝时期的大盛劲头，变得平实无趣。在唐代开创的这些市民文艺形式渐渐走向颓唐的时候，宋代新的文艺形式开始在无形中诞生崛起。

北宋初期国家安定、城市繁荣，新的市民阶层出现，对娱乐方式就有了进一步的要求，随着东京等大城市的繁荣发展，都市人口增多，城市平民阶层也空前活跃，在这种环境的影响下，市民文艺也得到了前所未有的发展，与市民大众文化消费水平相适应的新的形式开始在各种文化娱乐活动中显露出来，这样，一种新的娱乐方式——“说话”就在市井之间应运而生了。与此同时，都市平民们对文化娱乐的要求增长，这在客观上也刺激了各种演唱技艺的发展，艺术形式慢慢走向成熟，说话艺人所用的底本“话本”也得到极大的发展，形成了“话本小说”。因为当时说书人为了增强所讲故事的趣味性与亲近性，都采用了通俗的口语形式，这就使得话本小说在语言、形式和题材的表现上，都比以前的形式更加具有强烈的平民色彩，而他们的话本小说就更加由于通俗易懂、平实浅白而深受大众的欢迎，能够从语言艺术形式上博得大众的喜爱。同时，作为说书人讲故事底本的“话本”，原先只是略具梗概的提要而已，但是一旦编印成书，就因其通俗的风格而演变成为一种大众通俗读物，形成了一种特殊的体裁和风格，成为所谓的“平话”，相当于日后的“白话小说”，它代表着中国文学史上白话小说的一个新的发展阶段。

宋代话本小说的大发展，充分体现在市民的日常生活中。当时除了歌楼酒馆等地方外，平民会聚的市井瓦肆（或称“瓦子”“瓦舍”，其中又包含若干个勾栏）乃是对市民大众最具吸引力的地方，市井瓦肆就成为了话本小说表演的重镇，素来为市民大众所乐入之处。

宋代话本数目很多，根据罗烨的《醉翁谈录》的统计，就高达一百五十多种，各见千秋。而话本从总体上来说，其实可以分为四个大的类别，即小说、讲史、讲经、

张择端《清明上河图》（部分）

合生（或说诨话），其中，以小说和讲史两种形式最受欢迎。“小说”所讲述的主要是爱情、神怪和侠义故事，因为故事比较简短精练、内容又新鲜活泼，因此备受大众欢迎。而“讲史”方面，三国历史的动荡起伏、五代交替的天下兴亡、历史人物的忠奸贤愚、文臣士人的发迹负心、日里生活的怨仇鬼怪等等，又均可带动起市民大众的盎然兴致，吸引人们的兴趣。因而，这两类题材，成就最高。

另外，表演者，往往为了调动更多人的胃口而在说唱过程中大量地添加进独创的艺术技巧，而这种艺术技巧，日后竟然为成熟的小说文体提供了先例。说书艺人所调动的多姿多彩的艺术手段，比如在正式开说前的开场白等“入话”形式技巧，都是很常见的，他们在演说之中，也往往穿插一些骈文或诗词，以渲染气氛，而在全场的结尾处，也常用诗句加以概括，以作点睛。长此以往，说话艺人的这些艺术技巧也就成为一种程式，而其在艺术加工上留下了清晰的艺术特征，即故事开篇有开场诗或小故事组成的“入话”，而“入话”却无形之中往往和正文有着密切的联系；在主要内容的描述上，则往往采用韵文形式渲染气氛；全文结束处又有收场诗来作总结，以突显整篇小说故事的意义。这无疑开创了以后小说的写作程式。而话本于长篇故事之上又是分成数次来分别评唱的，这种做法，又开了后代章回体长篇小说的先河。

宋代的话本小说，在思想内容的表达和艺术技巧的表现等方面，都取得了很大的成就，它与同时代的宋代志怪传奇等文言小说相比，是一种充满活力的新型体裁。由于话本小说的作者和说唱人基本上都是来自民间的，生活在大众中间，他们较能以切身之感去比较宽阔地反映当时的社会风尚和生活面貌。而话本小说的主角更加是社会基层的手工业者、妇女、农民等等，体现出浓郁的乡里情节，这在思想上体现出了很强烈的市民观念，而且小说多表达一种美好的祝福和向往，则更加是市民大众心中理想的反映了。就内容而言，宋代话本小说中，讲爱情（如《碾玉观音》《快嘴李翠莲》等）和公案（如《菩萨蛮》《简帖和尚》等）这两类故事的为最多，而艺术成就也最高。

总之，宋代的话本小说是历史的产物，它所体现出来的时代文化特色是十分明显的。作为一种市民文化艺术形式，它在勾栏瓦肆里尽情迎合着市民大众的文化品味，造成了有史以来最为繁盛的市井艺术，体现了时代文化。就艺术成就而言，宋代话本小说的出现本身就是一个大的进步和发展，它在故事的结构、人物形象的刻画以及白话语言的熟练运用方面，相比于前代的唐传奇是前进了一大步，它是中国小说史上非常重要的一个发展阶段，开启了后世元、明、清三代的白话小说传统，更为后世小说的繁荣奠定了基础。宋代话本小说所取得的艺术成就，也极大地影响着日后中国文学史的发展，进而构成了中国文化史上的重要一环。

七、工艺美术的巅峰——卓绝千古的宋代陶瓷艺术

宋朝在工艺美术方面，造诣尤深，例如陶瓷、漆器、雕刻、丝织等等，而于陶瓷一业，集历代陶瓷文化之大成，造就了中国陶瓷史上的一个巅峰，后世的许多陶瓷工艺皆本宋朝而来。宋代的陶瓷艺术还以地域分流，各具特色，流光溢彩。直至今天，我们仍然可以透过晶莹剔透的陶瓷制品窥见有宋一代的陶瓷艺术的辉煌。

宋代陶瓷，最为世人所称道的就是“五大名窑”——定窑、汝窑、官窑、哥窑和钧窑。

五大名窑各有千秋，在不同的门径上造就了千古名作，形制优美，高雅凝重，不但超越前人陶瓷制造成就，而且即使后人仿制也罕能媲美。至今这五大名窑仍然折射着宋代陶瓷艺术美轮美奂的光彩，堪称宋代陶瓷的代表。说宋瓷，不可不说五大名窑，而一旦脱离了五大名窑，则宋瓷便不再称其为宋瓷。

定窑位于河北曲阳，即今河北省曲阳县的灵山镇，该

彩绘沐浴陶俑

地古名定州，所以称“定窑”。在陶瓷系统上，定窑属于白瓷系统，然而定窑在白瓷系统中之所以能够出彩，乃是因为其烧制的瓷器的颜色并不太白，犹如没有烧透似的，此谓“皂白”。而皂白与通透的亮白二者，从审美的观点比较，皂白给人以略有余地的感觉，犹如一方瓷器，尚有可以挖掘之处，其艺术性的审美感觉相当浓厚。此外，定窑的皂白瓷还是略带有牙黄的，这主要是由烧制所用的泥土的成分不同导致的。定窑的白瓷乃是继唐代邢窑之后，生产白瓷最好的窑。

定窑瓷器在工艺装饰上一般的装饰手法有划花、印花、雕花等，而其中最为出名的是“划花”技术，这不同于一般的刻花。所谓的划花，是用刀、竹签或篦子划出来的，而尤其是用篦器所划出来的线，线条流利婉转，颇见特色。定窑的划花技术的难度是相当高的，其关键在于拿捏坯土的干湿度上，因为坯土过干时划花，容易导致

定窑孩儿枕

坯土崩裂，而如果坯土过湿，在下刀时又容易把坯土翻卷起来，刀工有瑕疵，因此，必须趁不干不湿时尽快划花而成。定窑划花的效果是比较隐约的，不是一目了然、暴露无遗，须细心品赏，方可一睹其风采，这可是定窑工艺装饰上的一大绝活儿和一大特色。

因为宋代分南北二朝，故定窑又分北定、南定，在宋室南迁之后，定窑的一部分迁到了景德镇，一部分迁到了吉州，称为南定。其中，在景德镇生产的釉色似粉，故又称“粉定”。定窑的成品，色白而滋润者为上乘，花纹种

儿童戏鸭瓷枕

类多样，以牡丹、萱草、飞凤三种造式最为工巧。定窑在白瓷之外，亦有紫色、黑色等等，甚至有红色的，不过都是少有的。

汝窑位于河南临汝县，到了北宋末年发展到了顶峰时期，在瓷器质量和工艺装饰方面，都居于全国首位。北宋末宋徽宗时代的汝窑瓷器，乃是当今最珍贵的国宝之一，更是瓷器史上的一座里程碑。汝窑存世的瓷器非常稀少，造型讲究、釉色完美、技术精湛，代表了北宋整个陶瓷文化的至高水准。

汝窑在陶瓷系统中，是属于单色青釉系统，它的器型简单，釉色温润柔和，在半无光状态下有如羊脂玉，并汲取定窑、越窑的装饰技法，形成了自己独特的艺术风格。

磁州窑白地黑花纹瓶

汝窑瓷器的上釉技巧是很高超的，能达到“厚如堆脂”的水平。而汝窑土脉滋润，所制瓷器成品都呈现出温润、敦厚、静谧之优点，实属瓷器佳品。汝窑瓷器的最大成就，乃是全身釉水匀净，这样能将泥土中的铁充分地加以还原，成为中国陶瓷制造史上的一个划时代的标志。

汝窑作为北方的第一个著名的青瓷窑，在当时主要任务是烧制宫中御用之器，时间很短，成品数量也少，故而传世者更是稀有。

钧窑位于河南禹县，以禹县古称钧台而得名。在瓷器制作上，钧窑最为出名的是“窑变”，这使钧窑在瓷史中能独占一席之地。

在此之前，瓷器制作上也曾传说产过不少“变作”的作品，但窑工以为不祥之物，多半都打碎抛弃了，一直到了宋代钧窑，这才从艺术角度上肯定了“窑变”瓷器的地位，由于窑变瓷器出之偶然，日后反而更加贵重了。其实，窑变的产生是釉药不纯的结果，后来窑工由此悟出了钧釉的配制方法，从而能够掌握烧制的程度。钧窑瓷器便

汝窑三足洗

汝窑天蓝釉鹅颈瓶

以窑变瓷器及其光彩而闻名于当时，有朱砂红、葱翠青、茄皮紫等颜色，所谓“红如胭脂，青若葱翠，紫若墨黑，三者色纯无少变露为上品”，可见其瓷器光彩成就之高。钧窑瓷器的一般造型多为莲花式，其他的像葵花式、圆形、正方式、斗形等也有。

官窑的制品并不多见，所以今人只能靠历史记载来观察官窑特色。据《坦斋笔衡》记载，宋室南移，在凤凰山下设立官窑，为“故京遗制，置窑于修内司，造青器，名内窑。澄泥为范，极其精致，釉色莹澈，为世所珍”，这可见官窑的工艺水平和瓷器制造成就。

哥窑位于浙江龙泉，故又名“龙泉窑”或“章窑”。哥窑瓷器的主要特征，是釉面裂纹开片，此即所谓“百圾碎”瓷器，最为有名。哥窑瓷器制品釉色苍翠，在北宋时

钧窑莲花式盆

又多粉青色，在南宋时则多呈葱青色，瓷釉比较厚润，在工艺装饰上也很少刻花或者划花，却采用贴花、浮雕，成为一个明显特征。

宋代陶瓷乃是天下鼎盛，除上述的五大名窑外，山西省平阳的平阳窑、陕西省耀州的耀州窑、福建省建安的建窑、江西省吉州的吉州窑等等，都是当时比较出名的窑，烧制的瓷器也都相当的好。

宋代的陶瓷艺术，体现出了有宋一代突出的陶瓷特色，一般而言，所谓的“陶瓷艺术”，是指陶瓷器物的造型、釉色、装饰、烧制等各个方面的工艺特色。到了宋代，倾向坚细化、薄型化，一些瓷枕、插瓶等非常适合日常实用、观赏的新陶器进入了大众生活中。陶瓷的工艺装饰凭借坯土很强的可塑性而融合进了书画、书法等艺术形式，结果使当时的工艺美术形成了器物的书画化、图案化。宋瓷最为突出的特点，就是非常注重器物表面的花纹装饰，器物的表面装饰通常来说有刻花、印花两种，其中，刻花线条明快流畅，印花繁丽规整，刻花之用于陶器，一般以简笔小品、单双勾书法居多。而花纹则有缠枝、折枝等花卉图案，也有花鸟虫鱼等等，纹饰也采用民间剪纸艺术中的水波纹、回形纹等比较常见的几何图案，都非常贴近大众生活。

宋代乃是中国制瓷业突飞猛进并取得辉煌成就的历史时期，窑场分布广泛，南、北方竞相发展，同塑繁荣，是这一时期制瓷业的突出特点。与此同时，与宋朝同时期的北方少数民族政权辽、金时代的陶瓷业，也获得了巨大的发展，其陶瓷制品具有鲜明的民族风格与地域特点，亦是风情独在的。辽代由于带有北方游牧民族的特色，所以其陶瓷器多为酒具、茶具、盛食具、贮藏器等日常用品，很

官窑贯耳瓶

影青壶

少特供观赏的奢侈艺术品。而且，辽的瓷器大部分是民窑产品，虽然有供辽皇室和契丹贵族使用的官窑制品，但是毕竟不占大头。而民窑的产品，胎质粗糙，质量上就显得粗朴一些，所以辽的制品中，以粗朴的风格为主。在陶器的色彩上，辽传世的制品中以黄、绿单色和黄绿白三彩釉陶居多，细品起来也颇为美观。受宋朝影响，辽的陶瓷器

泥孩儿

造型分为中原形式和契丹形式两类。中原形式大都仿照中原地区固有的样式来烧制，有碗、盘、杯、碟、盂、盒、盆、罐等器物，还有香炉、棋子、砖瓦等用品。而契丹形式则仿照契丹族习用的皮制、木制等容器样式来烧制，器类有瓶、壶、盘、碟等用品，造型突显契丹民族色彩。在陶瓷工艺上，辽受中原装饰技法的影响，有刻、划、剔、印、彩绘和色釉装饰等等，体现出了民族之间的融合色彩。

八、辉煌的科技成就

宋代是我国古代科技发展的顶峰时期。宋代不仅完善了具有世界意义的火药、指南针、印刷术等三大技术发明及其应用，而且在古代科学分门别类研究的基础上，出现了对各门实用科学进行综合研究的趋势。宋代科技文化的辉煌发展是全方位的，地理学、地质学、物理学等都有令人眩目的成就。

生产的发展、经济的繁荣、前代的积累以及政府奖励和文化道德交流等都是科技在宋代迅速发达的重要因素。正是在这些原因的交互促动下，才有了以四大发明为亮点的辉煌的科技成就。

汉代造纸术被发明以后，由于印刷书籍的需要，印刷术随之产生了。公元6世纪初的隋唐之际，出现了最早的雕板印刷术。这种印刷一般用木材为原料，先在木板上刻反字，再给字板涂上墨，然后印在纸上。世界上现存最早的有明确日期的印刷物，是在甘肃敦煌千佛洞发现的唐咸通九年（868）的雕板印刷《金刚经》。宋朝的雕板印刷业已经相当发达，不但有官刻，而且有私刻、木刻书籍达到七百多种。北宋雕刻工毕昇大约在1041至1048年间还发明了活字印刷术，根据宋代科学家沈括在《梦溪笔谈》中的记载，毕昇的活字印刷术分为四步：第一步是用胶泥制活字，再放在火里烧硬；第二步是排版，把活字排在涂有松脂和蜡的铁板上，加热铁板，使蜡稍熔化，用平板压平字面，冷却以后活字就固定在铁板上；第三步是上墨印刷；第四步是拆板，印刷以后再加热铁板，蜡熔化后取下活字，以后再用。毕昇奠定了现代活字印刷的基本工序。中国的雕板印刷术在8至10世纪之间传到朝鲜，大约在14世纪，欧洲才出现了多是图画的雕板印刷物，他们用的原料和方法与中国类似，但比中国晚了约六百年。15世纪中叶，德国发明家谷腾堡（1400～1468）受中国印刷术的影响，发展出欧洲文字的铅活字印刷，这已是毕昇发明活字印刷四百年以后的事情了。

中国古代劳动人民早在商周时期就已在冶金中广泛使用木炭，春秋战国时期已经认识了硝石和硫磺的性能。唐朝初年，著名医学家孙思邈在他的著作《丹经》中，提出了一种火药的配方，把硫磺、硝末、木炭制成一种药粉，作发火炼丹之用。唐中期的炼丹家清虚子在他的著作《铅汞甲辰至宝集成》中，也清楚地记录了配制火药的方法。但火药的广泛应用和大量生产则是在军事上有了应用之后。公元906年，唐将秦裴统兵攻打洪州城时，淮南兵“以机发火”，这是战争史上关于火药使用的最早的记载。宋朝已在战争中普遍使用火炮、火箭，到北宋末年还出现了“霹雳炮”。南宋初，陈规发明了管形火器是近代枪炮等管形兵器的雏形，到元朝时，火雷、火铳、火枪、火炮等各种武器相继出现。公元13世纪初期和中期，中国的火药传入阿拉伯，13世纪下半期，欧洲人又从阿拉伯书籍中获得了火药的知识。火药传到欧洲后产生了巨大的影响，越来越主要地应用于经济建设，为人类开山凿洞、铺路架桥发挥着巨大的作用。

早在战国时期，中国劳动人民已经发现了天然磁石吸铁和指示南北的现象。人们利用磁石指示南北的特性制成了最初的指南针——司南。到宋代开始发展为指南鱼、指南龟和指南针。大约在公元11世纪，指南针已经应用于航海上。《萍州可谈》中第一次记载了中国广州海船使用指南针的情况：“舟师识地理，夜则观星，昼则观日，阴晦则观指南针。”之后，徐竞的《宣和奉使高丽图经》记曰：“唯视星斗前迈，若晦冥则用指南浮针，以揆南北。”中国的航海家首先把指南针装到船上，标志着人类从此获得了在海洋上全天候、远距离航行的能力。公元12世纪，阿拉伯人在中国广州和泉州等地把指南针装到了他们的船上，然后驶向波斯湾和红海一带。公元1180年左右，指南针从阿拉伯人手中传到了欧洲人手中，这使得近代欧洲航海家的一系列远航和地理大发现都成为了可能。

宋代也是一个科学家辈出的时代，产生了兼擅众长、创见迭出的百科全书式的科学家沈括，出现了成就辉煌、名贯中西的数学四大家——秦九韶、李冶、杨辉和朱世杰，还出现了把中国天文学发展推向高峰的著名科学家郭守敬等等。其中尤以沈括的成就最大。

沈括（1031？～1095），字存中，钱塘人。历任沭阳县主簿、太史令，参与过整理盐政、考察水利及任司天监、翰林学士等技术性官职。广闻博见，知识丰富。承办了当时朝廷中的许多科学事务，如修历法、改良观象仪器、兴水利、制地图、监造军器等。他在天文、历法、数学、物理、地理、生物、化学、医药、水利、兵工、冶金、建筑、文史、乐律等多学科领域都有很高造诣，被誉为“中国科学史上的坐标”。

在天文学方面，沈括详细观察并记载了星运轨迹和陨石坠落时的情景。为测量北极星与北天极的真实距离，他设计了窥管，每夜三次，连续三月进行观察，得到了二百多张图，并得出当时极星“离天极三度有余”的粗测结论。沈括还坚持做晷漏实验十多年，首次推出冬至日昼夜“百刻有余”、夏至日“不及百刻”的结果。他还设计了“一弹丸，以粉涂其半，侧视之则粉处如钩，对视之则正圆”的演示实验，证明了“月本无光，日耀之乃光耳”，以及月相变的道理。他对历代历法的积弊进行改进，推行了比较合理的“奉元历”，在此基础上又提出了更科学的“十二气历”设想：即以节气定月份，大小月相间的纯阳历。

沈括还对指南针进行了深入研究，他把“方家以磁石磨针锋”而得的人工磁化针用来作试验，提出四种装置方法（水浮法、碗沿法、指甲法和单丝悬挂法）并分别评论，指出悬丝法“最善”及具体办法（“独丝”“粘蜡”），还记载与验证了磁针“常微偏东、不全南也”的磁偏角现象，这比西欧记录早四百年。

在光学方面，沈括对小孔成像、凹镜成像等成倒影（像）的诸种现象进行比较，得出“碍”（焦点）的概念，并具体描述了焦点处“大如麻菽著物则火发”的现象，他称光通过“孔”“碍”成像为“本末相格”之术。他亲自查看了虹的成因而得出“虹两头都垂涧中”的记录，并说当时“自西望东则见”。通过“红光验尸”记录了民间利用新赤油伞滤光验出尸身上的青紫伤痕的方法。

沈括在地学方面也有不少贡献。他到浙江东部地区考察，提出雁荡山群峰是经过千万年流水的冲刷而成；他经过太行山麓，见山壁中间有一条由卵石螺壳组成的堆积层时，断定这里是古时的海边，并推论出“大陆都是混浊泥沙冲积形成”的。这些独到的见解，与现代科学结论有许多相通之处。

沈括晚年居住在润州的梦溪园，专门从事著述，为后人留下了一部二十六卷的科学巨著《梦溪笔谈》，成为我国古代科学技术成果的资料库。

宋代作为中国古代科技文化发展的巅峰时期，在科技文化发展史上永远放射出夺目的光辉。

九、尾声——蒙元入主中原的前夜

“中华文明历数千年之演进，造极于赵宋之世”，宋代可谓是沉寂于一片铅华之中，性情中柔，博冠而立江渚，尽显一片柔弱风情，宋代在其几乎所有可能有的方面均同时走向了成熟。然而正是在这春风吹醉之中，宋朝崇文抑武的倾向导致了国力的柔弱，结果，虽然赵宋一朝在文化上肇登传统文化的顶峰，然而在军事、政治等方面却是不甚得力，因此，宋朝在当时中国土地上所鼎立的几个政权中间，于笔墨纸砚便有抒发不完的愁绪，而于马背之事不甚了了，在整体上显得有些弱不禁风。这是宋朝的文化脉象，也是宋朝之所以能够造极中国文明顶峰的原因所在。

就在宋室南渡偏安之时，北方草原部落正在逐渐崛起，其势力威猛不可挡，乃至于击败北宋的金朝政权也渐感不支。蒙古部落的崛起，正在以一股剽悍的马背气象来西突东进，日益开创着属于蒙古的疆土。南宋君臣，也未尝没有看到北方势力的角逐起伏，但是，江南恬适的风情和大宋无限美好的半壁江山，始终比马背上的癫狂和弓箭来得悠闲，所谓“暖风熏得游人醉，直把杭州做汴州”是也。而南宋之初宋帝三番五次逃入海中避难的委靡先例，倒也可见南宋一朝君王的气度所在了。愈是偏安，愈是难安，蒙古的铁骑正在一天天地逼近。至大元中统元年（1260）元世祖忽必烈在开平即位，始建年号“中统”，又到至元八年（1271），最终改国号为“大元”，次年迁都大都，从此，元朝政权雄踞长江以北的广袤地域，对偏安的南宋政权虎视眈眈，必欲取之而后快。

南宋政权在强大的蒙元政权的压力下，面临着一种风雨飘摇的境地。军事上已经无法和蒙元的铁骑相抗衡，政治上南渡以来就素来软弱，几乎处于一种臣国的状态里面。南宋所仰仗的仅仅是那长江天险，而这方天险，随着蒙元政权的四方进攻的迂回策略而日见失效，不久，南宋周边的政权被一一消灭，整个南宋已然成为板上鱼肉。然而，南宋都城临安，仍然是一片烟华之象，继承了北宋东京城的繁华阜盛，文人们的诗赋吟唱、瓦肆里的话本讲史、街巷里的熙熙攘攘等等，还是一如既往；整个的歌舞升平景象，市民大众依旧乐此不疲。“上有天堂，下有苏杭”之美誉，于南宋时期真是体现得淋漓尽致了。

南宋始终是一种文弱的姿态，它的文臣、它的理学、它的艺术以及它的性格，都是如此地突显宋代文化的特色，也正是在这种环境中，宋朝才造就了后世仰慕的文明，灌注了华夏传统文明的因子到中国人的文化血液里去，影响了以后的整个中国历史进程。

在蒙元入侵的前夜，江南的宋朝君臣士民，依旧生活在那片自立国以来就日益出现了的铅华之中。

声声舞乐，难遮刀光剑影，阵阵清风，难消大宋残酒。

“今宵酒醒何处？”……

元

中国文化的转型期

元朝是中国历史上第一个由少数民族建立的大一统政权。元的统一，结束了唐末五代以来数百年间各民族相互纷争战乱的局面，出现了各族人民之间空前的融合。元代的疆域“北逾阴山，西极流沙，东尽辽左，南越海表”，奠定了我国辽阔疆域的基础。大一统的社会局面和同欧洲、中亚、东南亚等地区便利的交通，使中外交往非常活跃。中国的印刷术、火药、造纸术、指南针在元代传入欧洲；阿拉伯数学、西方的医药、建筑艺术等也在此时对中国产生了很大影响。

元代文化还是多种文化交融的结果。元代空前繁盛的对外交往，极大地促进了中外文化艺术的交流，元代文化也因此从其他文化中吸取了许多因子，而且在国内各民族之间的交流也得到加强，少数民族和汉族之间的文化交融也很发达，出现了大批少数民族艺术家和文化成果。

元代是中国文化的转型期，从元代开始，中国文化由以诗、词、散文为主流的发展形态转向以戏曲、小说占主导地位。从此，中国文化的发展又迈向了一个新的时期。

一、词山曲海、一代之奇——元杂剧

元杂剧的兴起

蒙古统治者建立统一政权后，在政治上始终奉行民族压迫政策，实行带有浓重种族歧视色彩的民族等级制度，按民族和征服的先后，把各族人民分成蒙古人、色目人、汉人和南人四种等级。第一等人蒙古人是统治民族，享有许多政治、经济、法律上的特权和自由；第二等人是色目

成吉思汗画像

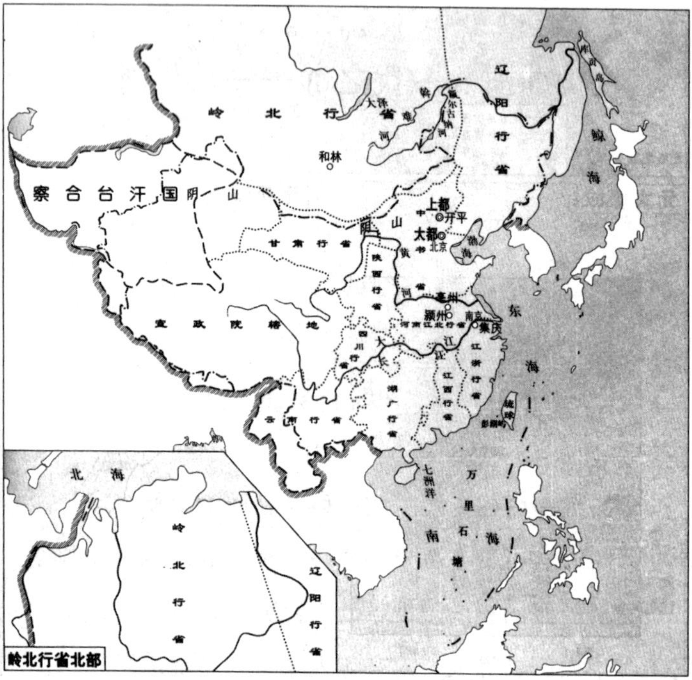

元时期全图

人，即“各色各目”的人，包括西域各族和西夏人以及留居中国的西亚和欧洲各国人，地位仅次于蒙古人；第三等人是汉人，是指淮河以北原属金朝统治的汉族和契丹、渤海、女真等族；第四等人是南人，是指原南宋统治下的汉族和其他民族。但是元朝确立全国的统治后，也越来越多地接受了汉族文化。忽必烈在受命主管漠南汉地军政后，就大批延揽汉儒，推行“汉法”，而且在统一全国后根据《易经》“大哉乾元”之义，定国号为“元”。元朝的统治实质上是蒙古贵族和各族上层阶级的联合政权。

元统治者重视商业，中外之间的贸易往来异常频繁，所谓“元以功利诱天下”，即与中国传统的“重农抑商”“崇义黜利”的治国方针不同。工商业的发展使一些原有的和新兴的重要城市呈现空前的繁荣，在社会上形成了一个相对庞大的市民阶层。大都（今北京）不仅是全国的政治中心，也是世界上著名的经济中心之一，《马可波罗行纪》对元大都的繁华有生动的描绘。这种商业经济的发展使社会思想也发生了某些重要的变化。

元代社会一个重要的、与文化发展关系最为密切的现象，是由于元代的民族歧视政策和对科举的轻视，使得大批读书人失去了优越的社会地位和政治上的前途，不能跻身仕途。他们又不甘心才能被埋没，不愿放弃对文学的爱好，便进入一直存在于民间的编写讲唱文学的团体。这就加强了他们同一般民众尤其是市民阶层的联系，因此他们创作的艺术作品的精神和形式都具有了一种新的因素和新的活力。而即使是曾经步入仕途的文人，其中不少人也存在与统治集团离异的心理，并受到整个社会环境的影响，以至于他们的思想情趣同样发生了类似的变化，这对于元代文学的发展具有关键的作用。

杂剧，也叫北曲，盛行于元代。元杂剧是在两宋杂剧和金院本的基础上，糅合了宋金时期的“诸宫调”和北方的地方戏“院本”等戏曲形式而形成的。宋杂剧是中国最早的戏曲形式，金院本是宋杂剧的发展，同时又是元杂剧的孕育者。出现了金院本，元杂剧的诞生条件也就完全成熟了。元代陶宗仪的《南村辍耕录》载："稗官废而传奇作，传奇作而戏曲继。金季国初，乐府犹宋词之流，传奇犹宋戏曲之变，世传谓之杂剧。""唐有传奇，宋有戏曲、唱诨、词说，金有院本、杂剧、诸宫调。院本、杂剧其实一也，国朝院本、杂剧始厘而二之。"另外，从契丹、女真、蒙古等少数民族传来的"番曲"，同北方民间流行的曲调结合，形成新的乐曲体系，对元杂剧曲调的形成也产生了一定的影响。在元后期杂剧中，随着杂剧的南下，还吸取了南戏的精华，出现了南北合套的新表现形式。

元杂剧一本通常由四折组成，演唱一个故事，一折用一套曲。四折之间，大多表现出情节起、承、转、合的变化，高潮往往出现在第三折。除四折外，一般还有一个或

元代吹笛击节陶俑

两个楔子。所谓楔子，即填补的意思，是对剧情起交代或连接作用的短小的开场戏或过场戏。楔子与折的区别是，楔子只用一两支曲调，不必如折那样必用一套曲调。这四套曲子由一个演员主唱。元杂剧的角色可分为旦、末、净、外杂四类，每大类下又分若干小类，以此把剧中各种人物分为若干类型，以便于带有程式化的表演，有时为了剧情的需要，也可突破一本四折的限制，分成多本多折演唱，如《西厢记》就有五本二十一折。

元杂剧的曲词采取曲牌联套体的形式，即在同一宫调的范围之内，按歌唱的惯例联结不同的曲牌为一套。四折戏分用四个宫调。第一折多用仙吕，第二折多用南吕或正宫，第三折多用中吕或越调，第四折多用双调。这些宫调的调性即音乐情绪各有不同，四折之中宫调的变换也是同剧情变化相对应的，每套曲词要一韵到底；曲词配合音乐歌唱，用以描摹场景、抒发剧中人物的感情，间或用以交代事件、对答发问；宾白有散白与韵白之分，前者用当时的口语，后者用诗词或顺口溜式的韵文；科范也叫科泛，简称为科，原来是指道教中的种种仪式的，剧本借以指示剧中人物的动作、表情（如“做惊科”“调阵子科”）和舞台效果（如“内做风起科”）。

元杂剧的兴起，有政治、经济以及文艺本身的各种因素。中国北方游牧民族自古就能歌善舞，他们对于音乐、舞蹈、戏曲有着发自天性的爱好。这些游牧民族的迁入，使北方民间音乐非常兴盛，蒙古的征战又使一部分乐人流落民间或沦为乐户，也促使了不同音乐的交流，为元杂剧的产生创造了条件，而元代城市经济的繁荣和艺术表演的社会化、商业化，是促使元杂剧成熟与兴盛的必要物质条件和群众基础。杂剧这种综合艺术对都市各阶层居民具有广泛的吸引力。当然，使元杂剧发展成熟、繁荣兴旺的另一个关键因素，则是专业作家群的形成。元初很长时期内不举行科举，后来即使是实施了，名额也有限，这使得广大知识阶层失去了仕进之途。有些儒生不愿充当书吏，便把注意力投向戏曲，戏曲便成为读书人的一条谋生道路，一些文化修养、艺术趣味很高的文人投入到这一行业，并将其文学专长用于剧本创作，甚至出现了一些专为艺人写作的组织，称为书会。如拥有关汉卿、杨显之等作家的玉京书会，拥有马致远、李时中等作家的元贞书会。

元杂剧兴盛百年，作家如林，作品似海，当时有“词山曲海”之称。王国维在《宋元戏曲考》中称其为“一代之文学，而后世莫能继焉者也”，马积高、黄钧在《中国古代文化史》中谈到元杂剧的兴起，说它“形成了一种曲调和科白相结合，通过歌唱、念白、舞蹈和音乐伴奏来表演一个完整故事的综合舞台艺术”。它和明代传奇以及清代花部的繁荣并称为中国戏剧史上的三大高潮。

元朝统一后，在大德年间（1297 ~ 1307）政治趋于稳定，南方经济恢复发展，以此为限，元杂剧可分为前期和后期两个阶段。前期是元杂剧的繁荣阶段，后期则是在延续发展中走向衰弱。

前期杂剧

前期是元杂剧的全盛期。元人钟嗣成的《录鬼簿》记载了元杂剧前期作家五十六人，创作剧本三百三十七种，他们大都活动于金末前后至元成宗元贞、大德前后的不足一百年间，活动的中心主要是大都。在所谓“元曲四大家”的关汉卿、郑光祖、白朴、马致远中，除郑光祖年代较晚以外，其余三人均生活在元代前期。比较著名的还有杨显之、王实甫、高文秀、石君宝、纪君祥、康进之、尚仲贤、郑廷玉等人，传世的优秀作品有数十种。在不到百年的时间里，中国戏剧迅速崛起并闪烁出耀眼的光芒，在中国文学创作史上形成盛极一时的繁荣局面。

前期元杂剧的题材非常广泛，作品有取自历史故事的，如《赵氏孤儿》《单刀会》《汉宫秋》《渑池会》等，有对民间故事传说进行再创作的，如《窦娥冤》《墙头马上》《秋胡戏妻》等，还有一些则来自唐宋传奇，如《西厢记》。从作品的思想内容上也可分三类：一是反映底层人民的愿望，描写地方官吏和地痞流氓互相勾结草菅人命，揭露统治阶层对人民的迫害，提出了社会生活中迫切需要解决的一些问题，如《窦娥冤》《蝴蝶梦》《生金

关汉卿雕像

阁》等；二是揭露统治集团的腐朽无能、投降卖国，歌颂人民和爱国将领反抗民族压迫的斗争，塑造了杨家将、岳家军等英雄人物形象，如《单刀会》《东窗事犯》《汉宫秋》《渑池会》等；三是歌颂男女对爱情追求的作品，如《拜月亭》《墙头马上》《张生煮海》等，而成就最高、影响最为深远的要推王实甫的《西厢记》。这些剧本中的主人公，即使深受封建礼教的束缚，也敢于顶住封建家长的压力，追求与情人自愿结合后的幸福生活。但是，元杂剧的前期作家宣扬封建伦理、鼓吹宗教教义、渲染鬼神迷信的作品也不少，他们揭露封建黑暗统治的戏，最终只能寄希望于清官的出现。一些关于民族关系的作品，往往流露出狭隘的民族主义的思想；一些描写青年男女追求爱情的剧作，多以男主人公取得功名来达到自由爱情实现的条件。这一时期涌现出的优秀剧作家以关汉卿和王实甫为主要代表。

关汉卿（1225？～1300？），号已斋叟，大都人。他和纪君祥、王和卿、杨显之、梁进之等杂剧、散曲作家有密切的交往，与一些杂剧艺人也相当熟悉。《析津志》记他“生而倜傥，博学能文，滑稽多智，蕴藉风流，为一时之冠”，经常出入歌舞楼榭，过着玩世不恭、放浪形骸的生活，通过这种生活方式表达自己甘愿一生浪迹江湖，与底层民众生活在一起的平民理想，表现出高尚的情操。他有一段脍炙人口的宣言：“我是个蒸不烂、煮不熟、捶不扁、炒不爆、响当当一粒铜豌豆，恁子弟每谁教你钻入他锄不断、斫不下、解不开、顿不脱、慢腾腾千层锦套头。我玩的是梁园月，饮的是东京酒，赏的是洛阳花，攀的是章台柳。我也会围棋、会蹴踘、会打围、会插科，会歌舞、会吹弹、会咽作、会吟诗、会双陆。你便是落了我牙、歪了我口、瘸了我腿、折了我手，天赐与我这几般儿歹症候，尚兀自不肯休！则除是阎王亲自唤，神鬼自来勾；三魂归地府，七魄丧冥幽，天哪，那其间才不向烟花路儿上走！”表达了他我行我素，绝不妥协的精神。

关汉卿见于载录的杂剧共六十六种，现存可以肯定为关汉卿创作的有十六种：《窦娥冤》《单刀会》《哭存孝》《蝴蝶梦》《调风月》《救风尘》《金线池》《望江亭》《绯衣梦》《谢天香》《拜月亭》《双赴梦》《玉镜台》《陈母教子》《单鞭夺槊》《鲁斋郎》，其中尤以《窦娥冤》最为出色，是戏剧史上的悲剧名作。

关汉卿的杂剧题材广泛，极大地开拓了中国戏曲的表现功能，另外还有几种有残文传世，具有很强的艺术创造力。他毕生的精力都用于杂剧创作，在题材与剧情安排上，进行了深刻的探索，促使杂剧艺术体制趋于完备。“初为杂剧之始”（明·朱权《太和正音谱》），成为元杂剧的奠基人。关剧大多简洁、集中、激烈、机巧，重视舞台演出效果，处处体现了杂剧的民族特征和时代特色。

在语言方面，关汉卿被认为是元杂剧本色派、豪放派的开创者和代表。《太和正音谱》评其语言风格“如琼筵醉客”，具有豪放不羁的艺术风格。其语言较少文饰，既切合剧中人物的身份与个性，又贴近当时社会活生生的口头语言，又不是简单地搬用日常生活中的口语，而是经过艺术的锤炼。王国维《宋元戏曲考》认为：“关汉卿一空依傍，自铸伟词，而其言曲尽人情，字字本色，故当为元人第一。”

关汉卿的许多杂剧，继承了中国民间艺术的优良传统，站在普通民众的立场上，提出了社会正义这一人类生活中的严峻问题。关汉卿是一个执著于现实的人，他的作品处处闪耀着民主的光辉，不愧为我国现实主义戏剧文学的奠基人之一。是中国少数入选的世界文化名人之一，受到各国人民的缅怀。

王实甫（1260？～1336？），名德信，大都人。大约和关汉卿同时代，生平资料很少。王实甫著有杂剧十四种，现存《西厢记》《丽春堂》《破窑记》三种，以《西厢记》影响最大。明代王世贞在《艺苑卮言》中称“北曲故当以《西厢》压卷。”

《西厢记》是我国较早的一部以多本杂剧连演一个故事的剧本，它以五本二十一折的宏大规模来演述崔莺莺、张生的爱情故事，被明人称为“传奇之祖”。此剧虽然情节简单，但结构严谨而又波浪迭起，悬念丛生；人物性格也刻画得丰满细致，具有很强的艺术感染力。

《西厢记》的剧情取材于唐代元稹的传奇《莺莺传》（又名《会真记》）。故事写唐贞元年间，相国小姐崔莺莺随母亲寄居蒲州相国寺的西厢院，与张生相遇相爱，后终遭遗弃。此后，历代文人吟咏此事，不断被改编成各种艺术形式。金人董解元在前代这一题材的文艺作品的基础上集其大成，创作了《西厢记诸宫调》，改变了《莺莺传》的悲剧性结局，使有情人终成眷属，但《西厢记诸宫调》仍不很完善，情节不够紧凑、人物形象不够鲜明。王实甫的《西厢记》以《西厢记诸宫调》为基础，进一步进行提炼、修饰，使结构更加完整、情节更加集中、主题更为突出、人物形象更为鲜明。在语言运用上，明代的朱权在《太和正音谱》里评价道：“王实甫之词如花间美人。

铺叙委婉，深得骚人之趣。极有佳句，若玉环之出浴华清，绿珠之采莲洛浦。”《西厢记》的语言构成以当时的民间口语为主体，适量而自然地融合前人诗词文赋中的语句，形成秀丽华美而又活泼的语言风格。佳句美不胜收，俯手即得，曹雪芹借林黛玉之口赞曰：“词句警人，余香满口。”

王实甫的《西厢记》通常被评价为一部“反封建礼教”的作品。通过崔莺莺和张生对爱情的渴望与追求，展现了封建礼教和门阀婚姻制度对自由恋爱的干涉，批判了封建道德教条的虚伪，表达了“愿天下有情人皆成眷属”的美好愿望。但作者并非简单地道德说教，而是把反对礼教的主题充分生活化，直接切入生活本身，描绘出青年男女对爱情的渴望。剧中主要人物各自都有鲜明的个性，作者更是成功地塑造了崔莺莺、红娘两个女性形象。《西厢记》对崔莺莺的感情、心理作了相当精细的刻画，细致地展现了她内心的强烈爱情逐步战胜外部干涉、传统束缚的全过程。红娘更是《西厢记》中经久不衰的“出彩点”，她虽是婢女，却有着过人的才干，机智聪明、泼辣爽直，她常常能在紧要关头以其特有的机警化解矛盾。她一手促成了崔、张的结合。

元朝前期，其他杂剧名家、名作也很多。马致远（1250？～1321？），字千里，晚号东篱，以示效陶渊明之志。大都人，曾出仕为官。他的作品见于著录的有十五种，今存《汉宫秋》、《荐福碑》、《岳阳楼》、《青衫泪》、《陈抟高卧》、《任风子》六种，《汉宫秋》是马致远早期的作品，也是马致远杂剧中最著名的一种。

白朴（1226～1310？），字太素，号兰谷。原名恒，字仁甫，祖籍隩州（今山西河曲），后迁居真定（今河北正定）。白朴出生在金末，幼年经历颠沛流离、家世沦落之苦，郁郁寡欢，不复有仕进之意。漂流大江南北十五年之久，五十五岁时定居金陵。他的剧作多写男女情事，见于著录的有十六种，完整留存的有《墙头马上》与《梧桐雨》两种。

纪君祥，一作纪天祥，大都人。生卒年代及生平事迹均不详。著有杂剧六种，仅有《赵氏孤儿》完整传存。《赵氏孤儿》是一部历史悲剧，也是杂剧名剧之一，此剧曾被法国大思想家伏尔泰翻译介绍到欧洲。

后期杂剧

元灭南宋后，南方经济迅速恢复，而且元代发达的海外贸易更使东南沿海地区的经济获得飞速发展，成为全国的经济重心。北方杂剧作家纷纷南下，南方文人也由于优势地位的丧失，投身于杂剧创作。大致到大德末年（1307）以后，杂剧创作活动的中心逐渐由大都转移到杭州，进入元杂剧的后期阶段。

后期元杂剧作家及作品的数量明显不及前期多，《录鬼簿》及《录鬼簿续编》记载了后期杂剧作家五十一人，作品七十八种。与前期相比，后期杂剧创作明显呈现衰退状态，著名作家和优秀作品也是屈指可数，只有郑光祖的《倩女离魂》、乔吉的《两世姻缘》和秦简夫的《东堂老》等数部作品尚可一观。在内容上，后期杂剧作品，多写缠绵悱恻的儿女柔情，封建说教和神仙道化的作品多有出现；艺术上或模拟前人，或追求词句的华丽，不如前期作品通俗、朴素。不过，由于环境的变化和前人的开创，后期杂剧也有自己的时代特点。

郑光祖，字德辉，平阳襄陵人。其生平事迹，《录鬼簿》有简略的记载，谓其“以儒补杭州路吏。为人方直，不妄与人交，故诸公多鄙之，久则见其情厚，而他人莫之及也。病卒，火葬于西湖灵芝寺，诸吊送客各有诗文。公之所作，不待备述，名香天下，声振闺阁，伶伦辈称‘郑老先生’，皆知其为德辉也”。郑光祖是元杂剧后期作家中最杰出的一位作家，其创作风格以文采见长，后与关汉卿、马致远、白朴并称为“元曲四大家”。作有杂剧十八种，今存八种。其中《倩女离魂》是他的代表作，是一部爱情剧，取材于唐人传奇《离魂记》，对明代汤显祖的《牡丹亭》有一定的影响。

秦简夫，大都人，后移居杭州。生平事迹不详。作有杂剧五种，今存《赵礼让肥》《东堂老》《剪发待宾》三种。内容多是宣扬封建伦理道德，曲文较本色自然。《东堂老》是元后期杂剧中具有独特意义的作品，从正面刻画商人形象，肯定了他们通过辛勤劳动积聚财富的谋生方式。

乔吉（1280～1345），又名乔吉甫。字梦符，号笙鹤翁。又号惺惺道人，太原人。寓居杭州太乙宫前，曾放荡江湖四十多年。作有杂剧十一种，今存《扬州梦》《两世姻缘》《金钱记》三种，都是以男女爱情为题材的喜剧。乔吉还是一位戏曲理论家，他提出的“凤头、猪肚、豹尾”之说，“起要美丽，中要浩荡，结要响亮”，在古代戏曲理论史上具有很大的影响。

另外，元代还涌现了不少少数民族杂剧作家和反映少数民族生活的作品。女真人李直夫（蒲察李五）、蒙古人扬讷、回族人丁野夫都是其中的佼佼者。

元杂剧在南方未能获得更大的发展，有多方面的原因。

首先，杂剧毕竟是在北方戏曲形式的基础上发展而来的，北方的语言、乐曲演奏难以适应南方观众的需要。虽然杂剧创作的中心转移到南方以后，为适应南方观众的欣赏需要也尝试过吸取南方戏种的精华，但作用不大。杂剧中心的南移反而使杂剧走向衰微。

其次，这一时期尽管有不少南方文人也参与杂剧创作，但最重要的作家如郑光祖、秦简夫、乔吉、宫天挺都是北方南下的，而南方最有才华的文人并没有从事杂剧的创作，他们没有接受杂剧这一艺术形式。所以，尽管后期江浙一带的诗文创作有很显著的发展，文人的自我意识不断强化，但这些在杂剧中的表现并不突出。

再次，自元统一以后，蒙古统治者开始有意识地加强在思想文化领域的控制，大力提倡中国传统的以“三纲五常”为核心的伦理道德，提倡程朱理学，有意识地利用杂剧褒奖和推广那些宣扬孝悌忠信、伦理纲常的作品，使得后期杂剧中封建说教内容的作品明显增多。

另外，原在南方流行的戏曲吸收了杂剧的长处，以一人一事为中心展开故事情节，又突破了杂剧一本四折、一人主唱的局限，南方的戏曲作家还改编了一些优秀的杂剧如《拜月亭》《虎头牌》《西厢记》等为南戏，用南方的语言、曲调演出，使原先在北方流行的杂剧无法跟它竞争。

最后，元后期的杂剧缺乏反对封建统治的战斗精神。元朝统治的稳定，使得文人对元的民族仇恨消减，逐渐接受了元的统治，而且在贵族的豢养下，杂剧从内容到演出，越来越和人民群众相疏远。至明初，杂剧的演出更逐步进入宫廷的狭窄圈子。元杂剧的衰微成为必然的趋势。

但与此同时，在商业高度发达的南方城市所形成的元后期杂剧，又不可避免地受地域文化特点的影响，反映商人的社会活动以及生活理想，渗透了活跃的时代因素，在后期杂剧中就有多部作品涉及对商人的描述。元后期杂剧的积极意义还表现在和南戏的融合上，南方流行的南戏吸收了大量杂剧的精华，在元末趋于成熟，最终演化为明清戏剧的主要形式——传奇。所以，元杂剧的历史作用并没有随着它的衰微而消失，作为中国传统文化的一朵奇葩，它在中国文学史、戏曲史上占有光辉的一页。其中的优秀剧目已为其他剧种所吸收而长期保留在中国舞台上，其表演艺术和创作经验，也被后来的演员和作家所继承。

二、俗中带雅、尖新豪辣——元代散曲

散曲是相对于杂剧而言的，它与杂剧共同创造了元曲的辉煌。但散曲和词的关系也很密切，又被称为词余。它是继诗词而兴起的一种诗歌形式，并非戏曲体裁。散曲的兴起和北方民族大量进入中原有关，自金代起，北方的女真族就大规模地迁到黄河流域，蒙古和金多年的战争直至金朝灭亡，带来了更多的异族居民。这些北方民族都有发达的民歌，它们和北方汉族的民歌音乐相互融合，逐渐产生了一种新的抒情曲调。曲调愈加繁多，便构成了一种新的诗歌形式——散曲。散曲定型于金末，现存最早的可以正式称为“散曲”的作品为金末诗人元好问所作。随着众多的文人加入进来，散曲在元代逐渐繁盛起来。

散曲形式非常灵活，曲句短至一两字，长可几十字不等，而且可以在曲律规定的“正字”以外添加“衬字”，词则不行。“衬字”一般加于句首或句中，不可加于句尾，故散曲更显灵活通俗、生动恣肆。在格律上，和词相比，散曲韵脚更密，几乎句句押韵，且一韵到底，不能换

韵。另外，与词相比给人感觉最大的不同在于二者的语言风格。词经过宋代的发展，风格文雅绚丽，而散曲贴近口语，俚俗、诙谐、豪辣、尖新，既可抒情叙事，又可议论写景，俗中带雅，雅俗共赏。

散曲又可分为小令、套数两类。小令一般只有一只曲子，由民间小调整理而成，在元代又称“叶儿”。小令还有“重头”“带过曲”“集曲”等变体，是根据一定的规则将同一曲调重复几首或不同曲调联结在一起；套数又称套曲、散套，是指同一宫调的若干曲子连缀而成，一般都有尾声。

元代散曲多为杂剧家、诗人兼写。在元后期也出现了专写散曲的作家，如元后期最著名的散曲家张可久就专攻散曲。元代散曲的发展脉络基本与杂剧相一致，分为前后两个时期。前期从金末到元成宗大德年间，这一阶段，散曲刚刚兴起，但很快就为文人尤其是杂剧作家们所喜爱，得到迅速发展，创作中心也在大都。杂剧作家兼写散曲的有关汉卿、王和卿、白朴、马致远等。这一时期的散曲贴近生活，质朴风趣，其中马致远的作品最多，成绩也最大，现存近一百四十首散曲。他的《天净沙·秋思》：“枯藤老树昏鸦，小桥流水人家，古道西风瘦马。夕阳西下，断肠人在天涯。”脍炙人口，被后世评论家称做“秋思之祖”。元后期散曲中心也转到南方，吸引了不少南方文人从事散曲创作，成就最大的是南方人张可久。其他比较有名的还有张养浩、乔吉、贯云石（维吾尔族）、徐再思等人。另外，睢景臣的套数【般涉调】《哨遍·高祖还乡》也很有特色，内容独出心裁，构思巧妙，对最高贵的皇帝给以讽刺和嘲弄，表达了作者思想的进步性。

三、清新自然、柔缓婉转——宋元南戏

宋元南戏又称戏文、南曲、南曲戏文或南戏文。因其最早产生于浙江温州（旧名永嘉），故又称为温州杂剧或永嘉杂剧。南戏大约产生于两宋之交，明人祝允明《猥谈》云：“南戏出于宣和之后，南渡之际，谓之温州杂剧。”南戏萌芽于南方民间的“村坊小曲”，又吸收了宋词的曲调，并在表演形式上受到宋代官本杂剧、诸宫调的影响。南戏之所以兴起于温州，是因温州在宋代时是重要的对外贸易港口，商业发达，城市经济繁荣，而且当地的民间歌舞表演十分兴盛。温州自隋唐以来就以“尚歌舞”著称，在市民阶层对娱乐的需求下，温州杂剧，即南戏，应时而产生了。

南戏最初只流行于浙闽沿海地区，无论从剧本创作还是唱腔音韵，都还很薄弱，到宋南行在临安繁盛之后，南戏开始进入临安的瓦舍、勾栏等娱乐场所演出。而元灭南宋后，杂剧创作演出中心转到南方，大批北方杂剧作家艺人随之南下，一部分杂剧作家尝试创作南戏，南方文人也有转向戏曲创作的。南戏在杂剧的影响下，发生了很大变化，剧本的文学素质和舞台表演的艺术水平迅速提高，在一定程度上吸收了杂剧曲牌联套的方法，采用杂剧的一些曲调而形成“南北合套”的形式。其从业人员流行范围也大大扩展，出现了很多叫做“社会”的团体组织，据《武林旧事·社会》记载，有专演杂剧的绯绿社、专演唱赚的遏云社、专演影戏的绘革社等等，对于推动南戏的发展起了不小的作用。值得注意的是武林书会、古杭书会等书会组织的出现。书会成员是一批下层文人和粗通文墨的艺人，他们专为班社编写剧本，进一步促进了南戏的成熟和发展。南戏的流行也扩展到东南沿海各大城市，甚至进入大都等北方城市。到元末，《琵琶记》等剧本的出现，标志着南戏达到了成熟的阶段，而且明以后继续发展，后来演化为明清戏剧的主要形式——传奇，对后世戏曲的影响极为深远。

南戏的剧目题材大多反映了当时的社会问题，与杂剧相比，更加贴近于民间、贴近于时代。在题材上，南戏中有关婚姻爱情的剧目占了很大比重，多达半数以上。宋代科举考试不再有身份限制，许多贫寒书生“朝为田舍郎，暮登天子堂”，一旦及第，即抛弃糟糠之妻，入赘豪门。南戏有些剧作，如《赵贞女蔡二郎》《王魁》《崔君瑞》等，对发迹变心的负心男子给予了无情的揭露和辛辣的讽刺。此外还有一部分作品是歌颂青年男女追求自由爱情、提倡婚姻自主的，如《司马相如题桥记》《祝英台》《浣纱女》《风流王焕贺怜怜》《崔莺莺待月西厢记》《崔护觅水记》等。题材的来源，主要是从民间故事、传奇小说及其他戏种中汲取素材，如《孟姜女》《祝英台》来自民间故事；《王仙客》《李亚仙》《洪和尚错下书》《何推官错认尸》出自唐传奇和宋话本；《关大王单刀会》《拜月亭》《诈妮子调风月》则改编自杂剧。

南戏“南北合套”后，艺术水平大有提高。它吸收了杂剧曲牌联套的方法，采用杂剧的一些曲调，使南戏舞台艺术逐渐成熟，剧本结构也日趋严谨和完整，而且又保持了自己清新自由的特点。在宫调和套曲运用上，比较自由灵活，没有严密的宫调组织。剧本也没有固定模式，采取了分场的形式，以人物的上下场的界线分场。一般都为长篇，一场戏为一出，可长可短，大都比杂剧长，如《张协状元》有五十三出。南戏与杂剧的另一个不同是体现在唱法上，南戏的各行角色都可以唱，而不是只由一人主唱，更有利于舞台表演。其角色通常为生、旦、净、丑、末、外、贴等七种，其中以生、旦为主展开剧情，其他角色皆为配角。

南戏文辞朴实自然，充满浓郁的地方情调，南方方言结合词体曲调，清新自然，浑若天成，深受普通民众喜爱，在各地发展出不同的声腔，呈现出不同的艺术色彩。王国维在《宋元戏曲考》中评曰：“无南戏之佳处，一言以蔽之，曰‘自然’而已矣。”到元末明初，“腔有数样，有昆山、海盐、余姚、杭州、弋阳”（魏良辅《南词引证》）。其中，海盐腔的首创者是贯云石。

宋元南戏主要是民间创作，历代散佚很多，据明《永乐大典》、徐渭《南词叙录·宋元旧篇》、沈景《南九宫十三调曲谱》、钮少雅《南曲九宫正始》、张复《寒山堂南曲谱》等载录，共有二百三十八个南戏剧目，但现在全本保存下来的仅有《张协状元》《定宦门孔子弟错立身》《小孙屠》《荆钗记》《白兔记》《拜月亭》《杀狗记》《金钗记》《赵氏孤儿》《破窑记》等十八种，而且大都经过明人不同程度的修改。南戏的代表作品是被称为“四大传奇”的《荆钗记》《白兔记》《拜月亭》《杀狗记》。而标志着南戏中兴的是高明的《琵琶记》，被尊为“南戏中兴之祖”。

四、老迈新生、地位转换——元代诗文和话本小说

诗词在经历了唐宋的辉煌后，至元代渐趋衰落。究其原因，诗歌在唐代到达顶峰，两宋把词推向极致，唐宋古文运动也使散文出现高潮，这虽然可以让元人模拟，但要突破就没那么容易。元人面临着在形式和题材上的创新问题，而元初之世，兵戈相继、生灵涂炭，文化典籍遭到破坏。元代统治者又不尊重文化，知识分子地位很低。元代还一直笼罩在程朱理学下，诗文受理学支配，难以产生有思想的作品。况且，当时最有才华的作家文人都从事戏剧创作，戏曲成了元代文化的主流，诗文已经失去了文学的“正宗”地位，衰落已成必然。不过，元代文人仍然试图寻找发展的道路，做出了新的探索。元代后期一些诗人如杨维桢、王冕等人，在诗歌的题材和内容方面都有自己的创新。他们关注自我，追求个性自由，为明代诗文的突破开了先河。

元代散文成就不大，主要是受理学影响。主要作家有

姚燧、吴澄、卢挚、虞集等。这一时期的散文大多充满说教气息，文学色彩不足。词的创作受散曲影响很深，许多散曲家都能写词，所以也产生了一些好的作品，但无法和散曲的成就相比。著名词人有耶律楚材、白朴、刘因、赵孟頫、许有壬和萨都剌等人。

与词、散文相比，元诗的成就略高些。有诗作传世的诗人有两千六百多人，但名家名作不多。

前期诗歌由于刚刚经历了亡国之痛，故多故国之思。故国的沦亡使人们不得不臣服新主，但民族的仇恨与创伤已经深深铭刻在精神之上。诗人在咏史叹物、题画吟花之时，流露出内心的伤痛。许多人避处山林，因此歌唱隐逸的作品也不少。前期诗人主要生活在北方，受金代诗风影响，多金之“遗民”，如元好问、许衡、郝经等。南宋灭亡后，南方又有仇远、戴表元、赵孟頫等人。他们的诗作多伤时悯乱，悲忧感愤。

元代中期，社会趋于稳定，工商业和海外贸易的发达使社会经济呈现繁荣景象，民族间的敌对心理也有所消减。此时，南北诗风趋向一致，高倡复古，以唐为宗，代表诗人主要是“元四家”：虞集、杨载、范梈、揭傒斯。这时，诗歌中心还在北方，但“元四家”等名家大多是南方人，萨都剌虽是在北方出生，但受学于虞集，一生活动基本都在南方。元后期诗歌创作的中心转移到南方。

“元四家”虽“为有元一代之极盛”，但他们耽于追求形式的对仗、语言的措辞，得唐诗之形，而未得唐诗之气。所以，成就并不大。

元代后期，朝政日坏，社会动荡，已是“山雨欲来风满楼”，而与此相对的是东南沿海城市经济继续发展，市民文化愈发兴盛。元后期诗歌是一个“奇材益出”的时期，几个著名诗人都有鲜明的个性，在诗歌创作上使元诗达到高潮。萨都剌是回族人（一说蒙古族人），虞集称赞其诗“最长于情，流丽清婉”，是元代著名的少数民族诗人之一。杨维桢，诸暨人，生性豪放，追求个性自由。其诗作纵横恣肆、自然奔放，有“铁崖体”之称，另外，他还创作了乐府诗和竹枝词。王冕是元代著名的画家，以画梅著称，同时他还是元代著名的诗人。王冕的诗，一部分为题画咏志诗，如“不要人夸颜色好，只流清气满乾坤”，表现了他性情高洁，纵逸豪迈之气；还有许多诗揭露了元末黑暗的社会现实，表达出他对普通民众悲惨生活的同情，如“安得壮士挽天河，一洗烦郁清九区，坐令尔辈皆安居”等诗句。

元代诗文生气丧尽，但唐宋以来的话本小说却取得飞跃发展。

小说在中国很早就出现了，从魏晋南北朝的志怪小说到唐代的传奇，然后一脉发展到宋元小说，进而明清诞生了如《三国演义》《水浒传》《西游记》《红楼梦》《聊斋志异》等许多小说名著。小说成为中国文学的主流，为中国文化增添了光彩的一页。在中国小说发展史上，元代是一个承前启后的重要时期。元以前的小说主要还是古体小说，白话小说虽然在宋代全面繁荣，但古体小说还占有重要地位，到了元代，白话小说才完全成熟，走向以通俗小说为主体的新阶段。这一转变固然与宋代话本小说已经取得很大成就有关，而元代自身也有几个重要因素。在元代，知识分子饱受歧视，生存需要迫使许多文人不得不寄身于杂剧、说话等过去所不耻为的行业，这一方面增强了话本小说的创作队伍，由宋代的以群众创作为主转变为文人创作和群众创作相结合，另一方面提高了话本小说的文学性、艺术性，使话本小说渐次走向成熟。此外，元代发达的工商业和海外贸易使城市继续保持繁荣景象，话本小说生存的土壤更加肥沃，这也是话本小说发展的基础。在元代话本小说中，讲史类话本发展最快，《全相平话》《三国志平话》《宣和遗事》等都在元代得到完善整理，促使了长篇小说《三国演义》《水浒传》的诞生。此外，古体小说也有发展，《娇红记》是古体小说中的长篇巨制，全文达一万七八千字，这在古体小说中是空前之作。而且它的思想性和艺术性也都有突破，对后世的言情小说有深远的影响。

五、宗唐宗晋、复古求新——元代书法

元代书法在中国书法史上占据着重要地位，远接晋唐，在百余年里，创立了独具特色的时代风格，涌现了许多书法大家，对明清时期的书法产生了深远影响。

元灭南宋以前，书法多受金代诸家的影响，沿袭颜真卿、苏轼、米芾等人的格局，书法家不少，但成就不高，至赵孟頫提出“宗唐宗晋，复古求新”的论点后，才扭转了南宋以来的衰敝书风。元代后期社会动荡，在书法中也有反映，开始摆脱赵孟頫的影响，大胆变革、直抒胸臆，出现了几位很有特色的书法家，如耶律楚材、康里巙巙等。元朝政府在书法的发展上给予一定重视，还设置了奎章阁等文化机构，元文宗、元顺帝也都擅长书法，对书法在少数民族群体中的发展有很大的促进作用。元代楷书、行书的成就比较突出，篆书、隶书、章草等书体也得到相应的恢复和发展，而且，赵孟頫开始把诗、书、画结合在一起，元末王冕又在这基础上使篆刻也成为文人的文化修养之一。诗、书、画、印成为后代书画艺术家喜爱而必备

赵孟頫《仇锷碑》

的基本修养，中国文化的艺术韵味得以更加淋漓尽致地展现。

赵孟頫（1254～1322），字子昂，号雪松道人，又号水精宫道人，湖州人。宋太祖十世孙。入元，官至翰林学士承旨，荣禄大夫，封魏国公，谥文敏。著有《松雪斋集》。赵孟頫是元代书画巨匠，中国文艺史上少有的全才之一。除书法外，他还擅长绘画，精通文学，通晓音律。他的文章冠绝时流，诗文风流儒雅，又旁通佛老之学。是他最先将“诗、书、画”三绝合为一体。赵孟頫精究各体，《元史·赵孟頫传》说“孟頫篆籀分隶真行草无不冠绝古今，遂以书名天下”，篆、隶、楷、行、草皆能运笔自如，潇洒秀逸，有“松雪体”之称。成就最高的是楷书和行书。传世的楷书名作有《胆巴碑》《湖州妙严寺记》《仇锷碑》等，小楷有《汲黯传》等，行书作品也很多，如《洛神赋》（卷）、《赤壁二赋帖》、《定武兰亭十三跋》等。他的书法用笔圆转流美，骨力秀劲，世称“赵体”，他的作品总是洋溢着一种高贵、典雅的气息，这完全是他深厚的学识、修养所致。他的书法成就和理论对中国书法产生了深远影响，不仅同时代的一些名家如邓文原、鲜于枢纷纷以他为榜样，明代的祝允明、文征明，清代的刘墉、乾隆皇帝也从中汲取了不少营养。可以说，他是上承晋唐，下启明清的一个重要的桥梁式人物，他是继王羲之、颜真卿之后在中国书法史上第三个影响深远的大师。

鲜于枢（1256～1301），字伯机，号困学山民，寄直老人，渔阳人，居住在杭州。与赵孟頫有“南赵北鲜”之称，是赵孟頫主盟元代书坛时的一位风格独出的书法家。他不为赵孟頫所同化，以自己鲜明的风格为后人称道，二人书法当时并称“二妙”。他的书法成就主要在于行草，草书学怀素并能自出新意。他的执笔方法很有特点，使用独特的回腕法，喜欢用狼毫，写字强调骨力。他的行草书骨力劲健，真力饱满，潇洒自然。赵孟頫对他很推崇，曾说：“余与伯机同学草书，伯机过余远甚，极力追之而不能及，伯机已矣，世乃称仆能书，所谓无佛出称尊尔。”又说：“困学之书，妙入神品，仆所不及。”他的代表作有《王安石杂诗》（卷）、《李愿归盘谷序》、《进学解》（卷）、《杜甫茅屋为秋风所破歌》（卷）、《苏轼海棠诗》（卷）等。

康里巎巎（1295～1345），字子山，号正斋，又号蓬恕叟，色目康里部人（一说蒙古族人）。幼年时在皇家图书馆受过充分的汉文化教育，后来做过文宗和顺帝的老师。《元史》本传称他“善真行草书，识者谓得晋人笔意，单牍片纸人争宝之，不翅金玉”。他的正书师法虞世南，行草书由怀素上追钟繇、王羲之，并吸取了米芾的奔放，在当时趋赵孟頫妩媚书风的情况下，能创自己的艺术风格。他的成就主要在行草，字体秀逸奔放，深得章草和狂草的笔法。明代解缙说：“子山书如雄剑倚天，长虹驾海。”代表作有《谪龙说》（卷）、《李白诗》（卷）、《述笔法》（卷）等。

六、追趣尚意、文人画兴——元代绘画

元朝以少数民族的身份入主中原，实行民族压迫制度，汉人在政治上被歧视。这使得许多汉族文人不愿也不能出仕，将兴趣转向笔墨，来寄托内心的不平之气。元代不重视科举，歧视知识分子，将其编为“儒户”。知识分子社会地位低下，一些文人也不得不从事绘画艺术，一方面抒发对元政府的不满，另一方面也是谋生的需要。当然，元代空前辽阔的疆域、大一统的局面、多民族的融合以及对外交流的密切，都促进了元代绘画艺术的发展，许多少数民族艺术家也在国画上取得很高的造诣。元代绘画的显著特点就是文人画的兴起，山水、梅、兰、竹、石等成为绘画的主要题材。

元代绘画以山水画成就最高，初期以钱选、赵孟頫、高克恭为代表，继承、发展了隋唐以来的山水画。钱选善画青山绿水，注进文人画的笔法和意韵，具有拙稚感的复古情调；赵孟頫的山水画面貌多变，托古改制，荡涤了南宋晚期“院体”的积习，成就极为突出；高克恭宗法董

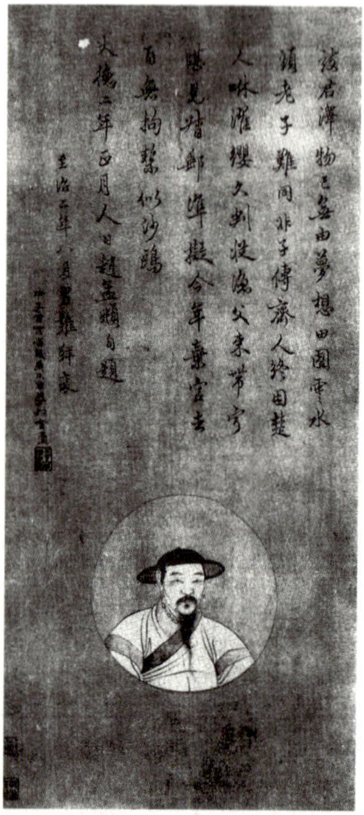

赵孟頫画像

源、李成、米芾等人，形成了浑穆秀润的风格。元代中后期，出现了以“元四家”著称的黄公望、王蒙、倪瓒和吴镇，他们在艺术思想和创作方法上直接或间接地受到赵孟頫的影响，但又各具特色。元四家的山水画创作实践和理论代表了山水画发展的主流，对明清乃至现代的山水画创作影响极大。

赵孟頫的作品题材广泛，凡人物、山水、花鸟皆墨韵高古。或以书法入画，博采晋、唐、北宋诸家之长，以气韵生动取胜，所绘《鹊华秋色图》，有唐人之致而去其纤，有宋人之雄而去其犷。赵孟頫除技法全面外，他的

赵孟頫《秋郊牧马图》

绘画讲求表达思想内涵，如所绘马图，乃是借千里马不得志、只能充做皇家禁苑点缀太平的宠物来抒写自己羁栖元廷、不得重用的尴尬处境；他的墨竹，则表白自己的清高。山水画含有寄趣林泉、向往自由的情感，为了使画面寄托更多的思想，他还含蓄地题词作跋，将文人画的表现形式推向新的高峰，书卷气更为浓郁。作为美术理论家，赵孟頫在《松雪斋集》中主张“以云山为师”、“作画贵有古意”和“书画同源”，为文人画的创作奠定了理论基础。他的名字不仅在中国文化史上占有光辉的地位，而且被国际大文学会用来命名水星环形山。

高克恭（1248～1310），字彦敬，大都房山人，因号房山。祖籍西域，色目人，是我国历史上著名的少数民族画家，对后世山水画影响深远。他与赵孟頫有深厚的友谊，受其影响，对书画的兴趣与日俱增。他悟性极高，工山水、墨竹。山水从二米（米芾、米友仁父子）入手，参以董李（董源、李成），尤其喜爱董源、米芾的画风，卷面云烟流动，淡雅有致，生机盎然，富有诗一般的韵律。善于用云烟渲染气氛，是著名的画云专家。作品有《云横秀岭图》《横山晴霭图》《墨竹坡石图》等。

黄公望（1269～1354），字子久，号大痴，又号一峰，常熟人。所作山水以疏体见长，用笔简远，若不经意，平淡天真之趣溢于画卷，流露清高隐逸的思想。他的《富春山居图》被誉为“画中《兰亭序》”。另有《丹崖玉树图》《秋山幽寂图》《山水图》等作品。

王蒙（1301～1385），字叔明，号黄鹤山樵，湖州人，为赵孟頫的外孙。所作山水以密体见长，布局充实，结构饱满，用笔多变，皴法丰富，厚重繁密，“望之蔚然而深秀”。如《青卞隐居图》，明人董其昌评此画为“天下第一”，称王蒙“力能扛鼎”。其他画作有《花溪渔隐图》《春山读书图》《夏日山居图》《夏山高隐图》等。

倪瓒（1301～1374），字元镇，号云林子，无锡人。出身富豪，气度清高，不吝浮财。追求超逸，空灵清旷。作山水以“二岸一水式”构图见长，善用干笔皴擦，好作折带皴以见坡石的跌宕。他的作品不绘人物，简远平淡，具有超尘绝俗的韵味。如《渔庄秋霁图》，近处坡石上植数枝枯木，中景不着一笔，空阔平淡，是为湖水；远处山坡如带，境界萧疏，枯淡空灵，空旷中含有孤傲之气，被视做元画逸品的代表，王原祁评“第一逸品”。其他作品有《容膝斋图》《虞山林壑图》《西林禅室图》等。

吴镇，字仲圭，号梅花道人，嘉兴人。出身贫寒，孜孜绘艺，不求闻达。所作山水、人物、花鸟，以湿笔见长，淳朴天真，充满野逸之趣，寄托自由不羁、归隐江湖的志向。有《溪山高隐图》《洞庭渔隐图》《渔夫图》等。

花鸟画在元代也得到发展，梅、兰、竹、菊“四君子”和松石成为画家们喜爱的题材。许多画家擅长“四君子”与松石，如王冕的墨梅、管道昇的兰花、李衎的竹子、钱选的菊花、曹知白的松树、倪瓒的秀石，都较为著名。

人物画发展到元代已退居到次要的地位，但是人物画和山水画、花鸟画一样，也处于形式风格的转型期，所以它表现出了与前代完全不同的风貌。赵孟頫、钱选也都以人物画著称。专业的人物画画家有刘贯道、任仁发、颜辉、张渥、王振鹏、王绎等。

七、多种宗教文明碰撞下的艺术

蒙古人建立的元王朝是一个版图空前广大的帝国，其“北逾阴山，西极流沙，东尽辽左，南越海表”，“东南所至，不下汉唐，而西北则尽过之”。不仅国内各民族之间的交流密切，而且和外部世界的交往也空前加强，元代可以说是一个大开放的时代。

元代观音塑像

蒙古的西征，使大批阿拉伯人、波斯人和中亚人大规模迁居中国，他们大都从事商业贸易，一时间“回回遍天下”，后逐渐和汉族融合，形成了信仰伊斯兰教、使用汉语而又浸润阿拉伯和波斯文化的传统的回族；元代中西交通的开辟，也为基督教的传播创造了有利的条件和土壤。元时基督教被称为也里可温教，有两大派别，一为曾流行于唐代的景教，属基督教聂斯托里派，另一个是元时传入的罗马天主教。景教在大江南北遍设教堂，其教徒遍及山西、陕西、甘肃、河南、山东、直隶以及广东、云南、浙江等地。天主教则先立足于大都，然后将传教触角从帝都向外地扩展，教徒发展到三万多人。伊斯兰教和基督教在中国的传播也给中国文化带来了一些新鲜色彩，不仅影响了中国文学，而且对中国的建筑、陶瓷艺术都有明显影响。在泉州，元朝海外贸易非常发达，当地建造了许多清真寺。这些宗教场所不仅有浓郁的伊斯兰色彩，而且还吸收了佛教、基督教的艺术色彩，甚至还有印度教的文化特色。泉州也成为一个宗教荟萃的自由之都。

元代疆域扩大，陆路和海路皆畅通，元政府对海外贸易也就更重视。陶瓷器的输出较之宋代有增无减。汪大渊《岛夷志略》记载，元代陶瓷远销至菲律宾、马来西亚、印度、越南、印尼、新加坡、泰国、孟加拉、斯里兰卡、柬埔寨、缅甸、日本、伊朗、沙特、埃及等地，品种有青瓷、青白瓷、青花瓷和各类日用陶器。从各国出土

元代玻璃莲花盏托

情况看，范围更广，在肯尼亚、索马里、坦桑尼亚都有出土。马可·波罗带德化白瓷回欧洲，后来，欧洲人称德化外销瓷为“马可·波罗瓷器”。元代的龙泉窑还专为销往中东而生产了一种仿自金属器的青瓷碗。为适应输入中国瓷器的不同民族的不同需要，工匠们善于从外来艺术中吸收营养，从而使中国瓷器的造型与表饰打上了外来艺术的印迹。中国传统文化受到了伊斯兰文明的影响，元青花的崛起就与伊斯兰关系密切，其造型受到了伊斯兰器皿的影响，装饰布局的繁密也与伊斯兰金属器皿风神相同。

在建筑方面，能够体现中外宗教文明交流的杰作是阿尼哥建筑的妙应寺白塔。阿尼哥是尼泊尔建筑师、雕塑家、中尼文化交流的友好使者，1206年应世祖忽必烈之邀到西藏参予营造黄金佛塔，后入京主持建筑了大批佛寺、佛塔、道宫等。其造型风格独特，人称“梵式”，对后世的佛教雕塑影响甚大。妙应寺白塔是其最辉煌的艺术杰作，按照阿尼哥从尼泊尔带来的佛塔样式建造，它的蓝本又是古代印度比较原始的覆钵式佛塔。由于它们的表面一般都涂抹着白灰，颜色洁白，又俗称“白塔”。它有50.9米高，是中国现存最高大的一座喇嘛塔。妙应寺白塔的建成，不仅为中国古老的佛塔增添了新的种类，也给藏传佛教的覆钵式塔制定了规范模式。元代兴建的佛塔大都是这一类型，山西代县的阿育王塔、武汉的胜像宝塔、江苏镇江云台山的过街塔都与妙应寺白塔相似。

在壁画方面，山西平陆的永乐宫壁画是中国古代壁画的奇葩，也代表了元代壁画的最高水平。壁画绘制于元泰定二年（1325），历经六七百年的岁月侵蚀，仍然保持着

元代青花瓷瓶

元代妙应寺白塔

清晰的面貌。壁画描绘了道教神仙朝元的盛况，近三百位神仙重叠地排成四层，组成长长的行列，场面宏伟庄严真切，使观者有身临其境的感觉。壁画对人物形象的描绘充分体现了传统中国绘画的特点，画师以简练而严谨、流畅而刚劲的线条刻画了众多生动的形象，这些形象按不同的年纪、性格和表情绘制，变化多样而不雷同。线条在疏密有致的组织中、刚柔相济的变化中，创造了和谐的韵律和装饰性效果。元代各种宗教艺术的兴盛也是元代宗教宽容政策的体现，展现了元代开放的心态和胸襟。

在科技方面，元代中国对外部世界的大规模开放，使大批中亚波斯人、阿拉伯人迁居内地，他们之中有不少科技人才，他们的先进科技，尤其是当时处于世界领先水平的阿拉伯天文学、数学，以他们为媒介传入中国科技界。

元代天文学家郭守敬在发展中国传统天文学的基础上，充分吸收阿拉伯天文学成果，制定了中国历史上使用时间最长的《授时历》。《授时历》以365.2425天为一年，比地球绕太阳公转一周的实际时间只差26秒，跟目前国际通用的公历完全相同。

在域外文化输入中国的同时，由于元朝的西征，中国文化向西方传播的速度也大大加快。中国四大发明之一的火药，在元朝西征中传入阿拉伯，再传入欧洲。中国的印刷术也经由元朝统治下的波斯以及突厥统治下的埃及传入欧洲，促进了欧洲文化的发展，为世界文明作出了杰出的贡献。

附录

大事年表

宋·元

960年

·赵匡胤发动陈桥兵变，称帝，国号宋（960～1279）。后周亡

961年

·宋太祖“杯酒释兵权”，军政大权收归中央

983年

·辽改国号为大契丹

·《太平御览》书成

984年

·辽在蓟县建独乐寺观音阁，为中国现存最古木构楼阁

1001年

·建定县开元寺料敌塔，为中国现存最高砖塔

1004～1007年

·景德镇瓷器名播四方

1005年

·杨亿等奉敕编纂《册府元龟》

1023年

·交子在四川地区发行，是世界上最早的纸币

1041～1048年

·毕昇发明活字印刷

1049年

·开封建祐国寺塔，为中国现存最早的琉璃面砖塔

1056年

·佛宫寺释迦塔建成，为世界现存最高的木构建筑

1057年

·欧阳修（1007～1072）倡导平易朴实的文风

1059年

·泉州建成中国第一座海港大石桥洛阳桥

1061年

·当阳建玉泉铁塔，中国现存最高铸铁塔

1069年

·王安石（1021～1086）开始实行变法

1072年

·欧阳修卒。著有《醉翁亭记》、《新唐书》（合著）、《新五代史》

1073年

·周敦颐卒

1077年

·邵雍卒

1084年

· 司马光《资治通鉴》书成，为中国第一部编年体通史

1085年

· 司马光执政，废王安石新法

· 程颢卒，与弟程颐之学世称洛学

1086年

· 王安石卒

· 司马光卒

1088年

· 沈括于本年前后作《梦溪笔谈》

1096年

· 辽建妙应寺喇嘛塔。1279年重建，即今北京白塔

12世纪初

· 张择端绘《清明上河图》

1101年

· 苏轼（1037～1101）卒

1105年

· 黄庭坚卒

1107年

· 程颐卒

· 米芾卒

1115年

·女真首领阿骨打在会宁称帝，国号大金（1115～1234）

1192年

·金建成卢沟桥，为中国现存最早的联拱式石桥

1200年

·朱熹（1130～1200）卒。后人编其言论为《朱子语类》

1206年

·铁木真建蒙古国，称成吉思汗（1162～1227）

1207年

·辛弃疾卒

1210年

·陆游卒

13世纪50年代～14世纪初

·元杂剧创作出现高峰。名家有关汉卿、白朴、马致远、王实甫、郑光祖；名作有《窦娥冤》《墙头马上》《汉宫秋》《西厢记》等

1254年

·忽必烈攻入云南大理城，大理国亡

1257年

·元好问卒

1260年

· 忽必烈即大汗位，诸王之战始

1267年

· 营建中都（今属北京市），历时八年完成

1271年

· 忽必烈定国号大元，元朝（1271～1368）开始

1272年

· 改中都为大都

1273年

· 元军破樊城，襄阳降

1274年

· 忽必烈命伯颜率军伐宋

1275年

· 元军进逼临安，文天祥等起兵勤王

· 马可·波罗到中国。后撰有《马可·波罗行记》

1279年

· 元军破崖山，陆秀夫负幼帝蹈海卒。宋亡

1281年

· 忽必烈发兵征日本，遇台风，全军覆没

· 郭守敬等制定《授时历》，颁行天下

1282年

· 始大规模海运漕粮

1286年

· 颁行《农桑辑要》，为中国现存最古的官修农书

1287年

· 发行至元通行宝钞

· 诸王乃颜反，忽必烈亲征，擒乃颜处死

1289年

· 籍江南户口

1293年

· 郭守敬修通惠河成，海运漕粮可直达大都

1313年

· 正式宣布恢复科举

· 王祯《农书》成

1322年

· 赵孟頫卒

1323年

· 《大元通制》成，颁行天下

1331年

· 《经世大典》修成

1337年

· 京师地震

1342年

· 教皇使节抵上都，谒见元惠宗，献骏马一匹

1345年

- 《辽史》《金史》《宋史》修成

1348年

- 台州黄岩方国珍起事，聚众海上，劫掠海运

1354年

- 黄公望卒